SILVÉRIO AUGUSTO BENEDITO, licenciado em Filologia Clássica pela Faculdade de Letras de Lisboa, é professor efectivo da Escola Secundária da Amadora.

Foi colaborador da *Verbo Enciclopédia Luso-Brasileira de Cultura*.

Traduziu várias obras de carácter cultural.

Traduziu artigos sobre cultura clássica para a *Enciclopédia Lexicoteca*, do Círculo de Leitores.

Elaborou as Introduções a 2 volumes da «Biblioteca Ulisseia de Autores Portugueses»: *Os Lusíadas* e *Poesia e Teatro de Sá de Miranda*.

Castro

poemas lusitanos

Castro

poemas lusitanos

ANTÓNIO FERREIRA

SELECÇÃO, INTRODUÇÃO E NOTAS DE
SILVÉRIO AUGUSTO BENEDITO

BIBLIOTECA ULISSEIA
DE AUTORES PORTUGUESES

FOTOCOMPOSIÇÃO FOTOCOMPOGRÁFICA
IMPRESSÃO E ACABAMENTO: PRINTER PORTUGUESA
DEP. LEGAL N.º 33 314/89

INTRODUÇÃO

I. ANTÓNIO FERREIRA. VIDA

As informações que possuímos acerca da sua vida são pouco pormenorizadas. Algumas delas são ainda inferidas das dedicatórias e referências esparsas pelos seus textos literários. No entanto podem afirmar-se alguns factos com suficiente credibilidade.

Nasceu em 1528, em Lisboa, filho de Martim Ferreira e de Mexia Fróis Varela. O pai era escrivão de fazenda de D. Jorge de Lencastre, Duque de Coimbra.

Na sua educação conviveu com os filhos de D. Jorge de Lencastre e com pessoas de grande relevância nobiliárquica, administrativa e literária.

Frequentou em Coimbra o curso de Humanidades e Leis e doutorou-se em Cânones. Foi temporariamente professor na mesma Universidade.

A frequência da Universidade deu-se na época áurea do Humanismo Bordalês, em que pontificaram os Gouveia (André, Marcial, Diogo Júlio), Diogo de Teive, João da Costa, António Mendes, Jorge Buchanan, Arnaldo Fabrício, Guilherme de Guérente, Nicolau Grouchy, Elias Vinet.

Parece ter-se enamorado em Coimbra por uma senhora de família nobre de apelido Serra, que evocará veladamente em várias poesias: «S'erra minh'alma, em contemplar-vos tanto, / E estes meus olhos tristes, em vos ver, / S'erra meu amor grande, em não querer / Crer que outra cousa há aí de mor espanto,» (Son. S'erra minh'alma, VIII, L. I).

Casou (1556) com D. Maria Pimentel, senhora de Torres Novas, que morreu no terceiro ano de casamento, que primeiro cantou e depois chorou muito sentidamente: «Com que mágoa (ó Amor) com que tristeza / Viste cerrar aqueles tão fer-

5

mosos / *Olhos, onde vivias, poderosos / De abrandar com sua vista a mor dureza!»* (Son. Com que mágoa, IV, L. II).

Voltou a casar em 1564, com D. Maria Leite, de Cabeceiras de Basto. Também ela foi evocada nos seus textos: *«Quando eu os olhos ergo àquela parte, / Onde o meu novo Sol o dia aclara, / E me vejo tão longe da luz clara, / Que resplandece em mais ditosa parte»* (Son. Quando eu os olhos, LVII, L. I).

Em 1567 foi nomeado Desembargador da Relação de Lisboa. Em 1569, apenas com 41 anos, morre em Lisboa vitimado pela peste. Deixa dois filhos, um dos quais (Miguel Leite Ferreira) lhe publicará, anos mais tarde (1598), a obra em Poemas Lusitanos.

Várias ilações de carácter genérico podemos extrair destes breves traços da sua vida. Dos escritores renascentistas, apenas ele pode considerar-se como representante íntegro do espírito classicista e humanista que conviveu com a tradição literária renascentista e com a Contra-Reforma; fez parte dos «Zagais da Estremadura» e como tal se relaciona com Sá de Miranda e com todos os seus seguidores que pugnavam a favor do gosto renascentista; pelos destinatários das suas obras sabemos que conviveu com a elite governante, administrativa, social e literária do seu tempo. As Odes e Cartas dirigem-se a personalidades como Pêro de Andrade Caminha, Sá de Miranda, Diogo Bernardes, Francisco de Sá e Meneses, Duque de Aveiro, Padre Luís Gonçalves da Câmara (mestre de D. Sebastião), D. Francisco Coutinho, D. Constantino de Bragança, cardeal D. Henrique, rei D. Sebastião, Diogo de Teive (humanista), etc. Apenas transcrevo, por pertencer ao campo literário, um excerto da Carta a Francisco de Sá de Miranda: [...] *«Novo mundo, bom Sá, nos foste abrindo / Com tua vida, e com teu doce canto, / Nova água, e novo fogo descobrindo: / Não resplandecia antes o Sol tanto. / Não era antes o Céu tão luminoso, / Nem nos erguia o esprito em seu espanto.»* [...]

II. INSERÇÃO DO AUTOR NA SUA ÉPOCA

Começarei por uma enunciação dos principais eventos de carácter político e social a nível mundial (leia-se a sua vanguarda europeia), em seguida, dos acontecimentos de carácter político-social e cultural em Portugal, de cerca de 1520 a 1570, período em que se encerra a vida do poeta, e que serve de cenário à fermentação de ideias e movimentos que fatalmei aflorarão na obra de António Ferreira.

Em 1517 Martinho Lutero (1483-1545) entra em conflito com o Papa, com a publicação das suas 95 teses. A doutrina luterana alcançou enorme popularidade na Alemanha. Carlos V ainda lutou contra esse estado de coisas, mas com a paz de Augsburgo (1555) a Alemanha ficou dividida em estados protestantes e em estados católicos.

Em 1519 Carlos V (1483-1558) torna-se, com o título de imperador, senhor de um vasto império: Espanha e territórios ultramarinos, Áustria, territórios alemães dos Habsburgos, territórios franceses na Itália. Fernando Cortês inicia a conquista e ocupação dos territórios que virão a ser o México, a Guatemala, o Peru, Bolívia e Honduras.

Em 1520 Solimão, o Magnífico, torna-se sultão otomano; o Ocidente fica perante o poderio turco; assume a herança de seu pai, que se tinha proclamado sucessor de Maomé; Solimão inicia a ofensiva contra Carlos V. Captura Belgrado (1521), Rodes (1522), reina 46 anos.

Em 1523 Gustavo Vasa, rei da Suécia, confisca os bens da igreja (1527), adoptando a Reforma Luterana. Em 1534 o Parlamento Inglês vota o acto de Supremacia instituindo uma Igreja Inglesa autónoma sob a autoridade suprema do rei (Henrique VIII); era o início da Igreja Anglicana. Em 1536 João Calvino (1509-1564), reformador francês, publica a Instituição Cristã, em Basileia; em breve o Calvinismo se espalhou pela França e os Países Baixos; tornou-se a religião oficial da Escócia (1567), com a designação de Igreja Presbiteriana.

Em 1545 começa o Concílio de Trento. É a resposta da Igreja ao movimento da Reforma, que se tinha espalhado com maior ou menor profundidade pelos Países Escandinavos, metade da Alemanha, Inglaterra, França, Países Baixos. Os princípios emanados do Concílio são reunidos no Catecismo Romano (1566).

Em 1547 Henrique II, rei de França, prossegue a guerra contra Carlos V. O império dos Habsburgos, sob Carlos V, foi cindido em dois: Fernando I, seu irmão, reina sobre os domínios austríacos e alemães; Filipe II, filho de Carlos V, reina sobre Espanha e Além-Mar, territórios italianos, Países Baixos, Franco Condado.

Em 1556 Filipe II inicia o chamado «século de preponderância espanhola»; derrota os Turcos em Lepanto (1571), com o auxílio de Portugal, Génova e Veneza. Portugal fica

7

...ínio espanhol (1580-1640). Foi o século em que nas-
...ope de Vega (1562-1635), Cervantes (1547-1616), El
...540-1614). Isabel I (1533-1603) torna-se rainha da
Inglaterra. *Foi no seu reinado que se consolidou a Igreja An-*
glicana. O Renascimento atingiu o apogeu na Inglaterra. Foi
o desenvolvimento económico: existiram a Companhia do Le-
vante (Mediterrâneo), a de Moscovo (Báltico), a da Baía de
Hudson e das Índias Orientais (Ásia); a marinha de corso de-
dicou-se ao assalto e pilhagem nas possessões portuguesas e
espanholas. A Inglaterra tornava-se potência marítima.

Também em Portugal ocorriam factos de ordem política,
social, económica e cultural. Vamos destacar, apenas enun-
ciando-os, alguns acontecimentos político-sociais.

Entre 1520 e 1530 são de relevar: Ordenações da Índia
(1520); morte de D. Manuel I e subida ao trono de D. João III
(1521); fome de grande extensão (1521); início de uma car-
reira regular de Cochim para a China (1522); os Imhoff são
acusados de acordarem com o rei de Portugal um contrato mo-
nopolizante sobre pimenta e outras especiarias (1523); Vasco
da Gama vice-rei da Índia (1524); ataque a Malaca por Muçul-
manos e indígenas (1525), cerco de Calecut pelo Samorim
(1526); viagem, por terra, de António Tenreiro da Índia a
Portugal (1528-29); plano da colonização do Brasil (1530).

Entre 1530 e 1540 são de apontar: crise financeira, criação
de bispados no Funchal, Angra do Heroísmo e Cabo Verde
(1532); estabelecimento da Inquisição, início do assento em
livros das igrejas dos baptizados e falecidos (1536); transferên-
cia da Universidade de Lisboa para Coimbra (1537); primeiro
cerco de Diu (1538).

Citemos alguns factos da década de 1540-1550: o Santo Ofí-
cio inicia a censura, primeiros autos-de-fé, chegada dos Jesuí-
tas a Portugal (1540); abandono de Safim e Azamor; Fran-
cisco Xavier aporta a Goa (1542); os Portugueses atingem o
Japão (1543); S. Francisco Xavier parte para as Molucas
(1546); primeiro Índice português de livros proibidos (1547);
D. João III funda o Colégio das Artes em Coimbra (1548);
abandono de Alcácer-Ceguer, Francisco Xavier chega ao Ja-
pão (1549), os professores do Colégio Real em Coimbra víti-
mas de um processo (1549).

Na década de 1550 a 1560, a lembrar: abandono de Arzila
(1550); criação de um bispado na Baía de Todos-os-Santos
(1550); fundação em Lisboa do Colégio de Santo Antão, pelos

Jesuítas (1553), cerco turco a Ormuz (1553); Lisboa conta com 430 ourives; em Piratininga (Brasil) Manuel da Nóbrega funda o Colégio de S. Paulo (1554); os Colégios das Artes (Coimbra e Évora) são entregues à orientação dos Jesuítas; fundação pelos Jesuítas do Colégio do Espírito Santo em Évora; os Franceses ocupam o Rio de Janeiro (1555); morte de D. João III, início do reinado de D. Sebastião; fixação portuguesa em Macau (1557); Pragmática de D. Sebastião contra o luxo; promoção a Universidade do Colégio do Espírito Santo (Évora) (1559); Malaca elevada a Diocese (1558).

Na década de 1560 há a destacar: D. Catarina obtém do Papa licença para introduzir em Goa o Tribunal do Santo Ofício (1560); o padre Gonçalo da Silveira catequiza a corte de Monomotapa (1561); o Cardeal D. Henrique assume a regência (1562); é fundada a cidade do Rio de Janeiro (1565); D. Sebastião atinge a maioridade e assume o governo (1568); surto da «peste grande» (trazida de Veneza), que matou 60 000 pessoas em Lisboa (1569); Nagasáqui abre-se ao comércio português (1569).

No aspecto cultural limito-me à enunciação dos autores portugueses que publicaram obras neste período de 1520 a 1570 e à indicação dos campos de saber por elas tratados. Autores: Fr. António de Beja, João de Barros, Francisco Faleiro, Leão Hebreu, Fernão de Oliveira, Pedro Nunes, D. João de Castro, Damião de Góis, António Luís, P.e Francisco Álvares, Diogo do Couto, António de Gouveia, Francisco de Holanda, Jerónimo Osório, Fernão Lopes de Castanheda, Sá de Miranda, Duarte Nunes de Leão, António Tenreiro, Diogo Homem, António Galvão, Heitor Pinto, Pedro da Fonseca. Em língua portuguesa, e também em língua latina, esses autores escreveram obras sobre os mais variados ramos do saber: religião, história de Portugal, sobretudo do período das Descobertas, geografia, cartografia, cosmografia, viagens, roteiros e itinerários, etnografia, filosofia, matemática, retórica, arte, direito, comédia, epistolografia, medicina. Merecem no entanto realce pelo aspecto renovador: a história das Descobertas, os vários aspectos da geografia, o direito e a medicina.

Depois de citados os factos concretos, temos que tentar definir as grandes correntes de pensamento influenciadoras e influenciadas por esses mesmos factos. António Ferreira assistiu ao encontro de todas as tentativas de inovação renascentista e

9

à resposta que lhes deram os vários poderes, as monarquias e a Igreja. Em Portugal poderíamos considerar central a data de 1536, a data do estabelecimento da Inquisição, aliás junção do poder civil e religioso.

Começo por tentar definir os três movimentos que no século XVI influenciaram todas as produções culturais: Renascimento, Humanismo e Classicismo. Correndo o risco de ser simplista, pois qualquer definição (definitio) é uma delimitação, Renascimento será um movimento que tende a levar o homem ao estudo científico do mundo, a basear-se mais na razão e na experiência e a imitar a Antiguidade Clássica. Humanismo, conceito ligado ao de Renascimento e uma das suas causas, consiste na descoberta e revalorização das obras culturais da Antiguidade Clássica. Classicismo é, por sua vez, a época literária em que vigora uma estética que segue os modelos greco-latinos. Estas definições mais não pretendem ser que uma abordagem aos conceitos. Vamos tentar seguir as suas várias manifestações para melhor os caracterizar.

No Renascimento avultam os aspectos religiosos, políticos e sócio-económicos.

No aspecto religioso, o Cisma do Ocidente (1317-1417) tinha diminuído a autoridade da Igreja. Em 1378 o mundo cristão estava cindido em obediências a dois Papas: Urbano VI e Clemente VIII. Seguiram-se papas simoníacos, isto é, vendedores de realidades espirituais, e mundanos: Calisto III (1378--1458), Sisto IV (1414-1484), Inocêncio VIII (1432-1492), Alexandre VI (1430-1503). A mundividência escolástica abriu brechas. O inglês John Wiclef (1320-1348), seguido pelos Lolardos, insurge-se contra o poderio papal, os votos religosos, as riquezas do clero, as indulgências; o checo Johan Huss (1369-1415) e os seus seguidores, os Hussitas, pugnaram também por reformas morais.

Os Ocamistas (com Ockam, século XV) negam a validade dos Universais, recusam à escolástica e à razão a capacidade para alcançar o conhecimento das verdades reveladas. A síntese escolástica é negada a vários níveis: a nível jurídico, em que o direito e a política se autonomizam, com influência do Direito romano; a nível estético, com um regresso aos cânones da Antiguidade clássica; a nível da espiritualidade, em que se impõem, com Petrarca (1304-1374), as influências de St.º Agostinho e da Patrística e a influência do Platonismo, em detrimento da filosofia aristotélica; a nível da Teologia, o misticismo alemão afirma a superioridade da verdade revelada e a incapacidade da razão para a atingir; a devotio moderna, devoção moderna (fundador, Gerardo Groote, 1340-1384), espalhada pela Alemanha, França e Países Nórdicos, dá mais valor às vivências emocionais da fé do que à sua racionalização. A nível da moral, retira-se o conceito da virtus (virtude) à exclusividade religiosa, para o estender a vários comportamentos humanos. Muitos humanistas, por exemplo Erasmo (1466-1536), aliaram o gosto do estudo do Latim e do Grego ao retorno às fontes escritas do cristianismo, passando por cima da especulação filosófico-teológica medieval.

A angústia perante a morte e sobretudo o post-mortem (o além) apresenta-se como problema fundamental: põe os problemas do «livre arbítrio» ou da «predestinação». Lutero (1483-1546) responde: ou o livre arbítrio é suficiente e a graça não é necessária, ou a graça é suficiente e o livre arbítrio não existe; o homem terá que acreditar confiadamente em Deus (justificação pela fé) para alcançar a salvação; a religião é remetida para o foro individual. Várias outras correntes religiosas surgiram: Bucer (1491-1551) e Zwingli, em Estrasburgo; o Anglicanismo com Henrique VIII (1509-1564), em Inglaterra, o Calvinismo (Calvino, 1509-1564), em que sobressai a teoria da predestinação. Todas estas tendências ganham vulto na História com o movimento da Reforma. Esta, com Martinho Lutero (1483-1546) e João Calvino, com a luta contra as indulgências, o livre exame das Escrituras, o não acatamento da autoridade do Papa, cindirão definitivamente a Cristandade em nações católicas e nações protestantes (sobretudo Alemanha, Inglaterra, Países Baixos, Países Nórdicos).

As descobertas portuguesas puseram os cristãos europeus em relação com terras, povos, costumes, éticas, filosofias, religiões diferentes, até aí insuspeitadas; não será difícil imaginar o desmoronar das certezas religioso-filosóficas e a tendência para um certo relativismo e cepticismo bem visível, por exemplo, em Fernão Mendes Pinto (c. 1510-1583).

A Igreja responde a esta ofensiva com o movimento a que se chamou a «Contra-Reforma»: os Dominicanos incitam à intolerância inquisitorial; os Franciscanos associam-se-lhe; os Jesuítas aliam uma forte militância religiosa a uma vasta cultura humanística. À apologética juntam-se meios coercivos: a Inquisição (em Portugal começa em 1536), o Index librorum prohibitorum, Índice dos Livros Proibidos (em Portugal o *primeiro é de 1547). Do Concílio de Trento (1545-1563) saem conclusões: validade das verdades tradicionais; a vigilância da Fé através do Tribunal do Santo Ofício e da censura dos livros; a validade da fé; a existência do livre arbítrio; a competência da Igreja como mediadora das consciências; a não aceitação da interpretação individual da Bíblia. A Contra-Reforma, além dos seus aspectos repressivos, trouxe à Igreja uma combatividade religiosa encarnada na Ordem dos Jesuítas, um crescimento dos locais e formas de culto, uma grande influência sociocultural (em Portugal, repare-se nos colégios fundados pelos Jesuítas), uma forte expansão missionária (em Portugal, de notar o estabelecimento de bispados ultramarinos e a existência de personalidades como Francisco Xavier, Manuel da Nóbrega, José de Anchieta, Gonçalo da Silveira).*

A nível político a guerra dos Cem Anos (1339-1453) dilacerou a Europa, sobretudo a França e a Inglaterra. Desde os princípios do século XVI, com Solimão, o Magnífico, a Europa passa a viver sob a ameaça turca. Aliás, já em 1453 Maomé II conquistara Constantinopla, mudando-lhe o nome para Istambul. Esta queda de Constantinopla, que fora capital de um dos maiores impérios, é por muitos historiadores tomada como marco do fim da Idade Média. Com a Reforma e acabada a unidade da Cristandade, as nações europeias guerreiam-se entre si. Carlos V, embora católico, chega a saquear Roma (1527). Os bens feudais da Igreja são fonte contínua de atritos entre ela e os Príncipes. Os reis reclamam para si o poder religioso e económico. A «Razão de Estado», em que o poder está acima de valores éticos, prevalece. A obra de Maquiavel O Príncipe afirma isso mesmo: os fins justificam os meios, o Estado sobrepõe-se a qualquer interesse individual, ético ou religioso.

No aspecto económico, sucedem-se mudanças profundas: deu-se um forte afluxo de metais preciosos do Novo Mundo à Europa; as rotas comerciais do Mediterrâneo mudaram para o Atlântico; os principais entrepostos das mercadorias vindas do Além-Mar passaram a ser Lisboa, Sevilha, Cádis, Antuérpia, Havre, Londres. Na sequência da circulação fiduciária, surge o capitalismo moderno: capitalismo comercial (século XV), capitalismo financeiro (séculos XVI-XVIII). Aumenta a moeda, seguem-se crises de inflação entre 1500 e 1600. Do «justo preço», «justo salário», da «propriedade privada» não-absoluta, baseados no Direito Canónico, passou-se para a especulação, a exploração do trabalho, para o amontoar das riquezas, tentando legitimá-las através do Direito Romano.

No aspecto social, deu-se a ascensão da burguesia mercantil, arruinando-se os que vivem do trabalho e os proprietários rurais. A burguesia lançou sociedades comerciais, aparecendo como corolário os banqueiros. Constroem-se assim grandes fortunas particulares: os Fugger (séculos XIV-XVII) e os Welser (séculos XV-XVI) na Alemanha; os Médicis (1360-1492), os Affaiati e os Gucciardini na Itália; os Perez e os Lopez na Espanha.

Não existindo em Portugal, como por essa Europa fora, uma classe média empreendedora, a expansão ultramarina foi essencialmente um empreendimento estatal. Nobreza e clero preferiam aplicar o seu capital em terras, actividades de construção (igrejas, mosteiros, palácios) e em luxo. O Estado português viu-se obrigado a apelar a dinheiro e iniciativas estrangeiras, tornando-se um país transportador com todas as inerentes consequências.

A aristocracia tradicional decai, a nível europeu. No entanto, em Portugal a aristocracia acaba por ganhar privilégios: postos de comando, cargos de administração, quer na metrópole quer nas terras ultramarinas. No topo da hierarquia social encontrava-se a «nobreza de espada» ou «nobreza da corte», composta pela maioria dos titulares, altos funcionários, comandantes militares e navais. A seguir vinha a «nobreza de toga»: funcionários dos tribunais, advogados, professores universitários, cargos administrativos. Por último vinha a «nobreza rural», que empobrecia gradualmente.

Os novos valores políticos, económicos e sociais, os novos conhecimentos, obtidos pela experiência, de geografia física e humana e de novas religiões, as novas actividades no domínio do comércio e das finanças, os novos valores teológicos e filosóficos exigem uma nova expressão linguística. A expressão medieval não abarcava tais realidades. Pareceu aos inovadores dos novos tempos ter havido já uma cultura, a cultura greco-latina e respectivas línguas, que estava mais voltada para a expressão de realidades desta vida «terrena». Nasce então o entusiasmo do Latim e Grego, que, parecendo-nos hoje um gosto formal e de mero modismo, tem razões epistemológicas e ontológicas profundas.

Em Portugal o ensino do Latim e do Grego assumiu, como aliás na Europa, o aspecto de um movimento, diríamos, revolucionário, no campo pedagógico e cultural. Liderado pelo Colégio das Artes de Coimbra, onde exerceram professores do melhor nível europeu, esse movimento estendeu-se a inúmeras escolas. De destacar os múltiplos Colégios dos Jesuítas que se foram instalando no Continente, nas Ilhas, na África Oriental e no Extremo Oriente. Entre 1542 e 1714 foram fundados 47 colégios: neles se destacava o ensino da Língua Latina, da Língua Grega e da Cultura Clássica.

Chama-se Humanismo ao movimento que impulsionou o estudo das línguas latina e grega e a descoberta e investigação sobre as obras que as veicularam. Temos que lembrar alguns nomes desses humanistas, não apenas com intuitos de erudição, mas sobretudo como marcos culturais a ter em conta na intertextualidade de qualquer obra desta época. Na Itália: Petrarca (1304-1374), Dante (1265-1321), Boccacio (1313-1375), Silvio Piccolomini, depois Pio II (1405-1464), L. Valla (1407-1457). L. Alberti (1406-1470). M. Ficino (1433-1499), Picco della Mirandola (1463-1494), Angelo Poliziano (1454-1494), P. Bembo (1470-1547) Castiglione (1478-1529), Sannazaro (1456-1530), Ariosto (1474-1533). Fora da Itália: na Alemanha, Nicolau de Cusa (1401-1464), Agrícola (1442-1485), Erasmo (holandês de nascimento, 1466-1536), Reuchlin (1455-1522); na França, G. Budé (1468-1540), Rabelais (1494-1553), Montaigne (1533-1592); na Espanha, J. de Cisneros (1436-1517), A. Nebrija (1444-1522), Luís Vives (1492-1540), Melchior Cano (1509-1560).

Em Portugal: vários estrangeiros como Mateus Pisano (m. 1466), Estêvão de Nápoles, Cataldo Sículo (1455-1517), Nicolau Clenardo (1493-1542); portugueses mesmo: Henrique Caiado (m. 1509), Aires Barbosa (1470-1540), Francisco de Holanda (1517-1584), Jerónimo Osório (1506-1580), André de Gouveia (1497-1548), Damião de Góis (1502-1574), André de Resende (1500-1573), Pedro Nunes (1502-1578), Garcia da Horta (1499-1568), Amato Lusitano (1519-1568), Diogo de Teive (1514-1565). A menção de datas, por vezes apenas prováveis, pretende mostrar a diversidade temporal do Humanismo nos vários países.

Os Humanistas estudam e conhecem profundamente as línguas e obras clássicas, assumem os seus valores humanos, estéticos e sociais, impulsionam a transposição desses valores para a sociedade do Renascimento, vão ser a base de uma

14

nova literatura europeia, quer a de expressão novilatina, quer a de expresão nacional.

Assumiam atitudes espirituais que vão reflectir-se em toda a escrita do Renascimento. Consideravam-se a verdadeira «nobreza»: o saber das línguas clássicas, o conhecimento da cultura greco-latina eram o seu brasão. A «glória das letras» substituía a honra do cavaleiro medieval. Como escritores, tornaram-se os detentores do poder intelectual, considerando-se inclusive os únicos detentores da capacidade de dar «honra e fama» às acções dos burgueses ricos, às façanhas guerreiras dos aristocratas, ao governo das cortes e dos reis.

O odi profanum vulgus horaciano (aborreço o vulgo profano) transforma-os em cidadãos do mundo e cosmopolitas, acima de classes e nações. Erasmo, Damião de Góis, Bembo, etc., correspondiam-se em latim.

Com os novos valores culturais puseram-se de parte, até certo ponto, os valores medievais, na arte, na literatura e em toda a expressão estética. O dolce stil nuovo substitui as formas tradicionais da medida velha. Em Portugal, a questão de «antigos e modernos» manifesta-se no conhecido diferendo entre Gil Vicente e Sá de Miranda.

Sintetizando, no aspecto ideológico e cultural os movimentos do Humanismo e do Renascimento, interinfluenciando-se, mudaram profundamente os valores humanos da Idade Média. Em vez do teocentrismo medieval, o antropocentrismo renascentista: em vez da alma, valoriza-se a razão e as sensações, em vez do céu, valoriza-se a vida na terra. Na educação, a prevalência da Teologia e Filosofia foi substituída pelo estudo das Humanidades (História, Filosofia, Letras Clássicas). Na Filosofia, um certo cepticismo faz desmoronar as certezas absolutas, um certo platonismo sobrepõe-se ao Aristotelismo que informava a Filosofia escolástica. Na religião chamou-se a atenção sobre o valor do cristianismo interior, das fontes bíblicas, do cristianismo das origens, a prevalecerem sobre o aspecto exterior do culto e sobre a estruturação filosófico-teológico medieval. Nas artes plásticas o corpo humano no seu valor intrínseco é o motivo por excelência: fez escola o culto de uma anatomia de tipo apolíneo.

No aspecto especificamente literário dão-se também transformações estruturais. A mitologia vence a alegoria. Na Idade Média usava-se a alegoria para concretizar e tornar sensíveis, virtudes, vícios, entidades espirituais, conceitos abstractos (v. Gil Vicente). Esta alegoria foi-se fechando à vida e mirrando. É neste campo vivencial que deve situar-se o recurso à mitologia greco-latina. As vidas antropomorfizadas dos deuses e deusas, as suas aventuras e exemplos tornam-se um meio privilegiado de acesso a experiências vitais aprofundadas. A mitologia leva a um entusiasmo pela natureza: os lugares amenos (locus amoenus) são povoados de ninfas, sátiros e náiades, arquétipos da vida feliz. É o caminho para o Bucolismo.

A assimilação que as línguas vulgares fazem do Latim torna-as eruditas, cultas, intelectualizadas, aptas a exprimir noções de qualquer ramo do conhecimento. Daí que haja tendência para a fuga do concreto, do pitoresco, para a expressão de ideias gerais, da vida intelectualizada e racional. Era uma literatura culta para leitores cultos.

A ordem e a sobriedade são princípios desta literatura: não há grandes paixões, há vontades esclarecidas, não há amores apaixonados e doentios, há amores claros e felizes, não há erotismo demasiado sensual, há erotismo veladamente ideal.

No domínio dos processos estilísticos, sobressaem as figuras de pensamento como a perífrase, a alusão, a metonímia, a sinédoque, a hipérbole e outras. As figuras de pensamento pressupõem da parte do leitor um investimento intelectual e emotivo prévio. Qualquer perífrase ou alusão era percebida e apreciada pelo leitor da época clássica, porque previamente tinha havido um conhecimento e uma vivência dos seus fundamentos, em geral existentes em autores clássicos, lidos, relidos e assimilados. Os leitores de hoje — com uma explicação evidente — só os muito familiarizados com a cultura clássica conseguem apreender bem a informação e conotação de certos recursos estilísticos. Assim se explica e constata todos os dias uma grande dificuldade de leitura, e daí uma certa repugnância pelas obras clássicas portuguesas ou europeias (séculos XVI a XVIII). Depois do movimento humanismo-renascentismo, implantou-se, para vigorar três séculos, uma escola literária, o classicismo, que obedecia natural e voluntariamente a certos princípios. Só o fascínio pelo mundo greco-latino explica este entusiasmo.

Seria bom escritor aquele que imitasse os autores greco-latinos. Para os Renascentistas, eles teriam atingido os cânones ideais, teriam tratado os temas ideais, teriam usado as formas poéticas ideais, os géneros literários ideais.

Como teoria literária adoptou-se a longa tradição de Aristóteles, Horácio, Quintiliano (em Portugal, o próprio Ferreira): a arte exigia uma cultura vasta (sapere, sab... engenho (ingenium), isto é, certas capacidades inatas, e a (artem), isto é, uma técnica apropriada; a arte exigia um balho árduo e prolongado (studium).

A arte, em sentido lato, deve imitar a natureza, é o princípio da mimese (mímesis); por natureza (mundo físico e humano) entendiam-se os aspectos positivos encarnados em modelos universais. Ficava de fora o que fosse anormal, feio, monstruoso: estes aspectos virão a ter mais tarde a sua expressão no Romantismo (século XIX).

A razão deve predominar sobre o sentimento: é uma consequência da cultura, engenho, arte, trabalho e verosimilhança pretendidas. A razão está para os conceitos universais, para a essência e a teoria, como o sentimento estará para os casos particulares, para a existência e para a experiência.

António Ferreira manifesta na sua obra a vivência e reacção perante os significantes, significados e referentes que acabámos de aflorar nesta «inserção do autor na sua época»: conheceu e vibrou com os acontecimentos histórico-sociais; fez parte, pelos cargos desempenhados, de uma «nobreza de toga», chegando a Desembargador da Relação de Lisboa, contactou com a «nobreza da Corte», a «nobreza rural» e o clero; vibra com o Humanismo através dos seus professores em Coimbra e do grupo «zagais da Estremadura»; pode considerar-se o representante íntegro do espírito classicista e humanista, ele que conviveu quer com a Contra-Reforma, quer com a tradição literária renascentista, e foi o teórico do classicismo em Portugal.

Embora uma obra possa ter valor por si própria, desligada do seu autor, não há dúvida que o contexto sociocultural explica e ilumina muitas das suas denotações e conotações.

III. OBRA

1. Poesia.
Inclui sonetos, epigramas, odes, elegias, éclogas, epitalâmios, cartas, epitáfios, um poema religioso (História de Santa Comba dos Vales). No aspecto de estrutura formal, António Ferreira aperfeiçoou a carta e a elegia, e foi o introdutor em

ortugal do epigrama, a ode, e o epitalâmio. *Todas estas formas são elaboradas sobre modelos italianos, latinos e gregos: à expressão em novas formas corresponde fatalmente a expressão de novas ideias, sentimentos e temas.*

Estes poemas foram publicados, em 1.ª edição, em Poemas Lusitanos, por seu filho, Miguel Leite Ferreira, em 1598. Outras edições existem, nomeadamente as de 1771 e 1829. Existe uma edição recente, quase reprodução da 1.ª, por Marques Braga, na «Colecção Sá da Costa» (l.ª ed., 2 vols., 1939-1940; 2.ª ed., 2 vols., 1.º vol., 1957, 2.º vol., 1953).

Destas composições, umas estão recheadas de *lugares- -comuns* petrarquistas e renascentistas, outras assumem certa importância e inovação na época, como as odes e as cartas. O facto de se falar em lugares-comuns (loci communes) não assume aqui a conotação negativa vulgar, de mera repetição da tradição literária: provenientes em geral de autores (autoridade) greco-latinos (auctores-auctoritas), os lugares-comuns sentem-se viva e diferentemente na Idade Média, Renascimento e Barroco, segundo a idiossincrasia epocal. Referem-se a áreas semânticas múltiplas: natureza, sentimentos humanos, vida, etc. Nas suas composições, definem-se os cânones clássicos, as atitudes humanistas do Renascimento português.

Na sua obra perpassam, referenciadas ou como destinatárias de dedicatórias, personalidades múltiplas de relevo histórico, desde poetas como Pêro de Andrade Caminha, Diogo Bernardes, Sá de Miranda, Francisco de Sá de Meneses, Jerónimo Corte Real, Diogo de Teive (humanista), a figuras de importância político-social como Alcáçova Carneiro, secretário de Estado de D. João III, filho do Duque de Aveiro (D. João de Lencastre), príncipe D. João (filho de D. João III), D. João III, D. Sebastião, D. Duarte (filho do Infante D. Duarte), Cardeal D. Henrique, Reis Cristãos (Carlos V, Francisco I), Marquês de Torres Novas (D. Jorge), Afonso de Albuquerque (filho do governador da Índia Afonso de Albuquerque), D. Constantino de Bragança (governador da Índia), Conde de Redondo (D. Francisco Coutinho, regedor da Casa da Suplicação), Luís da Câmara (mestre de D. Sebastião), e muitos outros. Temos assim uma rede polarizada de personalidades a quem António Ferreira expõe os seus sentimentos e atitudes perante as questões mais diversas.

Vamos passar em revista os principais temas tratados nestas composições: amor petrarquista, elementos bucólicos, tópicos tipicamente renascentistas, religiosidade, os escritores e a sociedade, os escritores e a arte poética.

O petrarquismo, que na altura se impunha em toda a Europa, consiste na expressão do amor por uma mulher ideal, de olhar sereno e luminoso, de gesto manso e digno, de riso natural e discreto. Mas essa mulher não passa de uma pálida imagem da Beleza-Ideia, Beleza divina. O caminho do amor, segundo o sentido platonizante que subjaz ao petrarquismo, é o caminho para a Ideia de Beleza universal e substancial, através da mulher bela, concreta e acidental. Daí derivam motivos frequentes.

As descrições da mulher são marcadas por um elogio hiperbólico: «Aquela nunca vista fermosura, / Aquela viva graça, e doce riso, / Humilde gravidade, alto aviso, / Mais divina, que humana Real brandura,» (Son. VI, L. II).

As qualidades da mulher são idealizadas a todos os níveis, físico, psicológico, moral e social: «Dos mais fermosos olhos, mais fermoso / Rosto, que entre nós há, do mais divino / Lume, mais branca neve, ouro mais fino, / Mais doce fala, riso mais gracioso:» (Son. V., L. I).

As contradições íntimas do poeta feliz-infeliz abundam: «[...]» / Se minha glória só é sempre ter-vos / No pensamento meu, porque em querendo / Cuidar em vós, se vai entristecendo? / Nem ousa meu esprito em si deter-vos?» (Son. Se meu desejo só, XXXII, L. I).

São expressas as contradições dos próprios efeitos do amor: «[...] / Riso, que em riso converte meu pranto / Esprito, que em mim todo o bem inspira / Fermosura no Mundo nunca achada», (Son. Uns olhos, que, XVIII, L. I).

Quando o amador e a amada estão ausentes é a lembrança dos olhos, dos suspiros, das palavras que vai sustentando o amador: «Aqueles olhos, que eu deixei chorando, / Cujas fermosas lágrimas bebia / Amor, com as suas tendo companhia, / Ante os meus se vão representando.» (Son. XLV, L. I).

Exprime-se a tristeza perante o aspecto multifacetado da natureza; simultaneamente, a visão da natureza é feliz ou infeliz, segundo o estado de espírito do poeta: «[...] / Tudo se ri, se alegra, e reverdece. / Todo mundo parece que renova. / Nem há triste planeta, ou dura sorte.// A minh'alma só chora, e se entristece, / Maravilha de amor cruel, e nova! / O que a todos traz vida, a mim traz morte.» (Son. Quando entoar começo, XII, L. I). «[...] As aves, que no ar voam, o Sol, e o vento, / Montes, rios, e gados, e Pastores, / As estradas, e os campos mostram as dores / Da minha saudade, e apartamento.» *(Son. Os dias conto, XLIV, L. I).*

Os elementos apontados constituem os temas mais relevantes da corrente petrarquista na época em António Ferreira.

Quanto a aspectos bucólicos, tem-se dito que o bucolismo de António Ferreira é pouco espontâneo e demasiado artificial ou demasiado preso aos seus modelos. É conhecido que este género, implantado com Teócrito (c. 300-c. 250 a. C.) na literatura grega, foi depois aclimatado à literatura latina com Virgílio (70-90 a. C.). Os Humanistas do século XV, entre os quais o português Henrique Caiado (c. 1470-c. 1502, Aeglogae et epigrammata, Éclogas e epigramas, Bolonha, 1496), imitaram a écloga greco-latina em Latim. Passou depois a escrever-se em «vulgar»: Sannazaro (1456-1530), em Itália, foi o grande iniciador, em Espanha, Garcilaso (1503-1536), em Portugal, Sá de Miranda e Bernardim Ribeiro. Deixando-se influenciar pelos seus contemporâneos, existem em António Ferreira reflexos directos de autores latinos como Catulo e Virgílio e de autores gregos como Teócrito. Utilizou os autores clássicos ou em pura imitação, ou em imitação livre, em geral com adaptação a motivos e situações nacionais. Tal contaminatio (contaminação) era absolutamente aceite no Renascimento, como pode ver-se, por exemplo, com Sannazaro, autor justamente louvado. Pessoalmente não vejo razões para apoucar a sua produção literária por se aproximar das suas fontes: porque a época literária assim o exigia, porque a situação portuguesa com D. Manuel I era bastante semelhante à de Roma do tempo de Augusto, porque houve uma actualização, umas vezes mais feliz que outras, a contextos nacionais. De qualquer modo, é uma expressão nova de realidades portuguesas. A língua portuguesa só ganhou com isso.

Nas Éclogas Arquigamia, Jânio, Títiro, Lília, Tévio, Mágica, Dafnis, Flóris, Miranda, Androgeu, Segadores (Ceifeiros) fala-se do amor entre pastores: alude-se a encontros passados, exprimem-se súplicas às pastoras, encarecem-se hiperbolicamente as amadas, brotam efusões líricas dos pastores em cantos singulares.

Existem temas e personagens mitológicas como Palas, Himeneu, Filomela, Páris, Fénix, Ninfas belas, carros mitológicos, Tétis, idade de ouro, Parcas, Títiro, Lino, Orfeu, canas ou avenas, Dafnis, Sátiros e Silvanos, Lucina, Proteu, Teseu,

Leandro e Hero, Pã e muitos outros. De mistura, em referências, alusões, dedicatórias, com pseudónimos ou nomes verdadeiros, convivem personagens históricas como Sá de Miranda, Francisco Sá de Meneses, príncipe D. João, princesa Joana (filha de Carlos V), Diogo de Teive, D. Duarte (neto de D. Manuel I). Maria Pimentel (sua primeira esposa), Duque de Aveiro, D. Sebastião e outros.

Os ambientes têm todas as notações bucólicas, nas referências constantes a produtos naturais como o leite e o mel, a animais como o leão, as ovelhas, os gados, a elementos da flora como a hera, o mirto, as capelas de flores, a quadros campestres como o recolher dos gados, os pastores, as fontes, a Primavera, o Verão, a elementos do clima como a chuva, o mar, o vento, as neves.

O lugar ameno (locus amoenus) assumiu um lugar na literatura por ser o lugar da existência feliz e apolínea de entes mitológicos, heróis ou personagens lendárias. Passava a ser o lugar da existência feliz e idealizada das personagens históricas e contemporâneas. Como se vê, à expressão classicizante passava a corresponder uma nova maneira de encarar a vida.

Quanto a temas renascentistas europeus e especificamente portugueses, observaremos sinteticamente os principais: a aurea mediocritas (mediania dourada), incitamento à elaboração de uma epopeia, posição política, e, até certo ponto, a religiosidade.

O tópico da aurea mediocritas inclui vários subtópicos. Elaborado na literatura latina, em especial por Horácio, defende um ideal de vida baseado sobretudo no estoicismo: adesão ao mundo, comunhão com o universo, liberdade interior, serenidade perante as adversidades, renúncia às grandes paixões, e «pequenas» glórias, ataraxia perante os perigos inerentes à condição humana.

Assim propõe ambições modestas, uma mediania dourada e aconchegada, o desafogo suficiente e paz de espírito do proprietário rural, o ócio dedicado às letras, às amizades, ao convívio, o campo como lugar ideal, o encanto dos trabalhos rústicos, os costumes sãos. Em oposição a este ideal condena-se uma concepção de vida orientada pela ambição do lucro, pelo tráfego comercial, pela glória das batalhas, pela honor (honra, função) das magistraturas, intrigas do poder e consequente insegurança, perigos do luxo e da intemperança, agitação da ci-

21

dade e a adulação dos cortesãos. Como espaços geográficos, do lado da aurea mediocritas ressalta o campo e a sua calma, do lado oposto a cidade e a sua agitação.

Estas ideias estão esparsas por cartas, éclogas e odes. Vou apenas pôr em relevo, como exemplos, duas cartas.

Na Carta a Manuel de Sampaio *(X, L.I)*, o poeta elogia: a vida do campo e sua «sã rustiticidade», o «ócio, livre, e honesto», o «proveitoso escrito», a beleza do «fresco prado», as alegrias do amor, a «sombra dos ulmeiros»; em oposição, critica: a «dura guerra», a «dura vida da cidade», o «deus» do «tesouro», o movimento comercial da «grã Rua Nova», o «guerrear» nas «Índias», o «mundo ambicioso e desonesto», os perigos da navegação. Na Carta a D. João de Lencastro *(V, L.I)*, o poeta adere aos «bons Catões», à «humildade», ao «prudente», ao «amigo», aos «sãos juízos», à alma sábia; em oposição, recusa o «lisonjeiro», o «cego povo», o «inchado título», os «ventos», os «vãos muimentos».

De notar que o «cego povo» não é a recusa do povo em geral, antes a censura aos não «sábios» na concepção de vida: tópico já expresso por Horácio (profanum vulgus, o vulgo profano) e por Cícero (imperita multitudo, multidão ignara).

O incitamento à escrita de uma epopeia tornou-se um tema renascentista específico da literatura portuguesa. São de João de Barros as primeiras estrofes épicas (profecia de Fanimor), insertas na Crónica do Imperador Clarimundo *(1522)*. Datam de 1513 os pequenos ensaios de Luís Anriques e de Aires Teles sobre a tomada de Azamor, depois publicados no Cancioneiro Geral de Garcia de Resende *(1516)*. Depois de 1526, data do regresso de Sá de Miranda da Itália, os poetas da sua plêiade incitavam-se uns aos outros para o canto épico das Descobertas.

António Ferreira, sentindo-se sinceramente não dotado para tal empreendimento, tenta nas suas elegias, cartas, odes, sonetos e éclogas que outros o realizem. Subjacentes a tal incitamento existem várias atitudes: competição da nova literatura com as literaturas grega e latina que tiveram o seu Homero e o seu Virgílio, a convicção do grande valor universal dos feitos portugueses, que achava bem maior que o das realizações gregas e romanas; a certeza de que esses feitos só ganhariam projecção universal através do canto épico; o conceito de que quem cantasse as acções teria mais merecimento do que quem as realizava.

22

Mas demos a palavra por momentos ao próprio António Ferreira: «Que espantos hoje soam, que façanhas / Do grande Portugal em toda a parte! / De tantos capitães que artes, que manhas! / De tantos cavaleiros que ousadias! / Que vitórias em terras tão estranhas! / [...] De Portugal já nasce, que escritura / Nova, que nova fama, que alta glória!» [...] Carta a Alcáçova Carneiro (II, L. I); «Deves, tu, Grécia, àquele tão louvado / Poeta, que assi soa em toda a parte! / E tu grã Tibre, de que estás honrado / Senão com a pureza dos escritos / Daquele Mantuano celebrado? / [...] Quem com armas não pode, com escrito / Poderá fazer tanto, que se ria / Do qu'os esquadrões rompe, e inda c'um dito. / [...] Ó quantos mor fama ganharam / Com a boa pena, que outros com a espada! / Quão mais ricas estátuas cá deixaram!» [...] Carta a Pêro de Andrade Caminha (III, L. I); «No teu verso Latino nos renova / Ora outro Horácio, ora outro grande Maro: / Na grave prosa Pádua, Arpino em nova / Por ti começou já ser grande, e claro / O Português Império: igual aos feitos / No Mundo raros teu estilo raro.» [...] Carta a Diogo de Teive; «Cada um faça alta prova / De seu esprito em tantas / Portugueses conquistas, e vitórias, / De que ledo te espantas / Oceano, e dás por nova / Do Mundo ao mesmo mundo altas histórias. / Renova mil memórias / Língua aos teus esquecida [...]», Ode I.

Será Camões, com Os Lusíadas, a levantar o monumento tantas vezes sugerido por António Ferreira.

A sua visão política acerca da realeza é uma visão cristã avançada: nem é o maquiavelismo em que a razão do Estado se sobrepõe a todos os valores individuais incluindo os valores morais, nem o direito divino dos reis das teocracias medievais, depois prolongada pela monarquia absoluta, nem, claro, a soberania popular, na altura impensável. Os reis detêm o poder originado em Deus, mas são homens como os outros na sua condição, estão sujeitos às leis morais, e às leis por eles próprios criadas. Na Carta a El-Rei D. Sebastião escreve: «Elegeu Deus Pastor à sua grei, / Viu também a razão necessidade, / Eis aqui eleito um rei, eis outro Rei. / [...] Deve à lei o que a fez obediência / Quem o caminho há-de mostrar direito, / Se torce dele, e segue a falsa estrada, / [...] Nascido só para reger a tantos, / E dessa grande alteza ao teu fim dece. / Ver-te-ás igual na humanidade a quantos / Mandas, verás o fim tão duvidoso, / Como quem também morre, e nasce em prantos. / [...]»

A sua visão religiosa engloba várias componentes, em que se integram ideias da religião cristã tradicional, ideias neoplatónicas então valorizadas, ideias morais, influenciadas pelo estoicismo, uma visão humano-religiosa renovada.

Continuam presentes: o temor a Deus, o arrependimento do pecado, o «Senhor piadoso», as dicotomias ovelha-pastor, filho-Pai, pecado-graça, pecado-redenção, perdição-salvação, pequenez do homem-poder de Deus. A glória e as grandes acções são impossíveis sem a ajuda de Deus: «Ajuda Deus a boa fortaleza / De conselho, e razão acompanhada: / A força sobre si alevantada / Despreza irado, e torna em vil fraqueza.» [...] Ode a Afonso Vaz de Caminha.

A vida terrena e o corpo são «coisas vis», «cinzas», «prisões», «pó», «sombras», enquanto a imortalidade, no sentido de transcendência, é a «clara alteza», o valor firme, a libertação e a luz. Estas ideias já presentes há muitos séculos no cristianismo, através da influência sofrida do Platonismo, tornam-se agora no Renascimento frequentíssimas pelo vigor do Neoplatonismo. No soneto III, L. II, Despojo triste, pergunta o poeta: «Despojo triste, corpo mal nascido, / Escura prisão minha, e peso grave, / Quando rota a cadeia, e volta a chave / Me verei de ti solto, e bem remido?» [...]

Na Carta a Luís Gonçalves da Câmara, Mestre de El-Rei D. Sebastião, louva-lhe a mestria com que inculca ao seu educando as virtudes, que poderíamos chamar estóico-cristãs, como o desprezo das riquezas, «todas as virtudes e exercícios», as «pródigas larguezas», a justiça, a temperança, a fortaleza, a prodigalidade, o endurecimento pelo trabalho, a prudência, etc. Parece estarmos ante o conceito romano de virtus (valor, coragem). A coroar tudo isto, a verdadeira grandeza, «Fazes um Rei Cristão, Rei verdadeiro, / Que a si reja primeiro, a si obedeça, / Porque dos outros seja Rei inteiro/ [...].»

Na Elegia a Santa Maria Madalena, canta o caminho da glória daquela que, «porque amou muito», lhe foi tudo perdoado: este tema, muito usual nos nossos escritores quinhentistas, é uma recuperação cristã de valores humanos como a beleza física, o amor, o pecado e o arrependimento.

Na Écloga Natal, mistura o tom de Gil Vicente de cariz tradicional com novas notações renascentistas: «Pastores a quem hoje o grã MININO / Deus e Homem, JESU se descobriu, / Cantai» [...] «Torne este nosso tempo àquela idade, / Que tudo era sã paz, e puro Amor, / Sem meu, sem teu, sem muros, sem Cidade.»

Na História de Santa Comba dos Vales, *canta em tom épico a lenda de Santa Comba, que teria vivido entre o «Tâmega» e o «Tua» e recusou o amor de um rei mouro. Historicamente existiu uma Santa Comba, monja em Córdova (Espanha), morta pelos Muçulmanos em 853. Neste poemeto, de novo se recuperam, para valores cristãos, valores humanos como a beleza, o corpo, a juventude, a perseguição amorosa que, embora vencida pela entrega a Deus, sugerem nitidamente o erotismo da Renascença, presente em muitas pinturas religiosas. Repare-se nalguns versos: «Chegara ali a moça na alta sesta / Banhar-se, como sói, nũa fonte clara / [...] / Ali mais que Diana, mais que Vesta / Seu castíssimo corpo refrescara, / [...]». São frequentes as alusões a Cupido, Amor e seus tiros, a Diana e Acteão, Dafne e Atalanta.*

A teorização literária ocupa um grande espaço na obra de António Ferreira e apresenta duas facetas: uma mais lata, os escritores e a sociedade, outra mais específica, os escritores e a obra literária.

Sá de Miranda introduziu e pôs em prática o dolce stil nuovo, corrente renascentista vinda de Itália. Mas o teorizador desta corrente literária vai ser António Ferreira: teoriza sobre as bases e os princípios, reflecte sobre as novas ideias e sentimentos, defende o valor da cultura e artes, incentiva outros poetas e homens de letras. Não existe na história da literatura portuguesa até ele um vulto de teorizador literário, com quem possa comparar-se; teremos para isso que recorrer a Boileau (século XVII) em França.

O culto das Letras pode assumir um sentido de vida para o escritor, não é vedado a qualquer tipo de ocupação; defende--se ele próprio dos que o censuram por ser poeta: «Aqueles são sós homens, que se afamam / Com letras, com saber, com que alumiam / O Mundo; e tudo o mais fortuna chamam» [...] Carta a João Rodrigues de Sá e Meneses; «Poeta queres ser, e ser letrado? / (Diz um ruim, e às vezes dous, e três) / Poeta, e Senador grave chamado?» [...] Carta a Vasco da Silveira; «Mas nem por isso logo o povo chame / Vãs outras letras, e o honesto exercício / Das brandas Musas tão mal julgue, e infame.» [...] Carta ao Cardeal Infante D. Anrique.

A poesia deve assumir uma alta função social: ensinar e deleitar o público de todas as categorias sociais, mudar as más em boas paixões, avisar os reis de injustiças praticadas à sua volta, assumir o papel nobre de escritor perante aqueles que têm «maus intentos», que só pensam em honrarias e dinheiro. O escritor é o novo mentor social: louva, aconselha, critica todos os grupos sociais, dos mais altos aos mais baixos. Afinal é posta em prática a atitude dos Humanistas, que se assumiam como a nova «aristocracia» (poder dos melhores).

Vejamos algumas destas ideias esparsas por toda a obra: «Boas letras, Senhor, não são baixezas. / Para o público bem também estudam, / E cantam os bons poetas, deleitando / Ensinam, e os maus afeitos em bons mudam. / E às vezes aos Reis vão declarando / Mil segredos que então só vem, e sabem, / Mil rostos falsos, línguas más mostrando. / [...] / Os versos ousam, e em toda a parte cabem, / Dos bons amados, e dos maus temidos.»/ [...] / «Almas indoutas, que cá peregrinam / [...] / A nenhum bem, nenhum saber atinam. / Deixemos estas já em vida enterradas, / Que os olhos abrem somente ao proveito, / [...] / O bem nascido esprito, e culto peito / Mais deseja, mais quer, mais alto voa, / Mais glorioso propõe seu obgeito. / À glória, à fama, à triunfal coroa / Aspira» [...] Carta ao Cardeal Infante D. Anrique.

Incluso ainda na função social da poesia, é glosado o tópico de «Letras-Armas». As Armas eram o valor que, vindo da Idade Média, se prolongava ainda no século XVI, sobretudo no Portugal das Descobertas. As Letras assumiam agora a sua maioridade e o seu novo valor. Às Armas caberá ser o apoio e o instrumento do poder de um Estado, às Letras perpetuar os feitos por elas praticados. Por isso ao poeta caberá o canto heróico dos senhores, a exaltação dos feitos nacionais. António Ferreira fá-lo, em sonetos, em epigramas, em epitáfios e na Carta a D. Constantino, filho do Duque de Bragança. Mas defende também que é tempo de a nobreza guerreira deixar de menosprezar os homens de Letras, porque há tanta glória militar em realizar altos feitos, como glória literária em celebrá-los. É neste contexto que se insere o incitamento à criação de uma epopeia de que já falámos antes.

Ouçamos a voz do poeta. Referindo-se a D. João III, declara «Sãs letras, justas armas, dous esteios / Firmíssimos de Império só tenhamos. / Mais bens, se o Mundo os tem, a outros Reis dê-os. / [...] Carta a Alcáçova Carneiro (II, L. I); na mesma carta, lembrava o exemplo de Roma: «D'armas em justa guerra armada vinha, / De letras em boa paz; e assi igual-

mente / D'ambas sempre ajudada se sustinha. / [...]». Na Carta a Manuel de Sampaio, *coloca ao mesmo nível o valor militar e o valor literário:* «*Quão claro aquele, que ou por feito, ou dito / Deixou nome imortal, e glorioso / Exemplo aos seus em proveitoso escrito. / Igualmente direi sempre ditoso, / Ou quem fez cousas dignas de memória, / Ou quem pôs em memória o proveitoso. / Esta é a vida, esta honra, esta é glória / [...]*».

Passemos ao aspecto da teorização literária propriamente dita: *escritores e poesia.* Trata da defesa da língua portuguesa, da adesão à escola renascentista, da oposição à tradição medieval, do estudo dos autores antigos, da «aristocracia» dos leitores, da crítica e autocrítica, da análise das faculdades poéticas, da sujeição a normas.

Escritores como Gil Vicente, Sá de Miranda, Andrade Caminha, Camões e outros escreveram em castelhano, quer por a corte ser constituída por bastantes castelhanos, quer com a finalidade de atingir mais leitores. Por testemunhos externos de seu filho Miguel Leite Ferreira e de Diogo Bernardes, sabemos que ele teria o propósito de nunca escrever «em língua alheia». Na sua obra, podemos ver essa intenção explicitamente expressa, no nome que ele próprio deu aos seus textos, Poemas Lusitanos, no facto de não ter deixado qualquer composição em língua estrangeira e nas suas afirmações sobre a língua portuguesa.

Na Carta a Pêro de Andrade Caminha *(III, L. I),* censura-o por ter escrito em castelhano, incita-o a enriquecer a língua portuguesa, dá os exemplos dos Gregos, Latinos, Castelhanos, Italianos e outros que escreveram na sua própria língua, aconselha-o a servir Portugal usando o português: «*Do que se antigamente mais prezaram / Todos os que escreveram, foi honrar / A própria língua, e nisso trabalharam. / Cada um andava pola mais ornar / Com cópia, com sentenças, e com arte, / Com que pudesse doutras triunfar. / [...] / Porque o com que podias nobrecer / Tua terra, e tua língua lho roubaste, / Por ires outra língua enriquecer? [...] E a boa tenção, e obra à pátria sirva, / Dêmos a quem nos deu, e devemos mais. / Floreça, fale, cante, ouça-se e viva / A Portuguesa língua, e já onde for / Senhora vá de si soberba, e altiva.*» [...]

Já na Ode I aliava o valor dos feitos portugueses à sua proclamação em língua portuguesa e como que previa a ligação *do seu nome à língua pátria: «Língua aos teus esquecida, / Ou por falta de amor ou falta de arte, / Sê para sempre lida / Nas portuguesas glórias, / Que em ti a Apolo honra darão, e a Marte. / [...] Mas inda em alguma parte, / Ah Ferreira, dirão, da língua amigo!».*

Pelo que se vê, o seu amor à língua não é o conceito estreito de «purismo», trata-se antes de uma intenção de exprimir em português e aperfeiçoar um instrumento para transmitir as realidades portuguesas.

A adesão entusiástica à corrente renascentista vinda de Itália não pode separar-se da sua rejeição da tradição medieval. Quanto à primeira, nada é preciso acrescentar-se ao que já foi dito até aqui. Quanto à segunda, António Ferreira surge-nos como inovador. Enquanto Sá de Miranda, Camões e outros ainda usaram a medida velha, António Ferreira mostra-se explicitamente contra esse uso. Vejamos o que nos diz o poeta na Carta a D. Simão da Silveira, referindo-se ao *dolce stil nuovo: «Mas se nos nasce agora ūa nova chama, / Que a sua sombra alumia, quem acusa / A clara luz, e a sombra antiga ainda ama?»;* repare-se nos termos em que fala da medida velha: *«Chamou o povo à sua invenção trova, / Por ser achado consoante novo, / Em que Espanha téqui deu alta prova. / Eu por cego costume não me movo: / Vejo vir claro lume de Toscana, / Neste arço; a antiga Espanha deixo ao povo.» [...]* ibidem.

Atribuiu-se a António Ferreira uma concepção artistocrática das letras e das artes. É verdade, se explicarmos os termos. A palavra «aristocrática» terá que entender-se, no seu sentido etimológico, «relativa ao poder dos melhores». Estão incluídos os escritores, e todos os leitores que possuam uma certa superioridade cultural, moral e artística, estão incluídas as «altas» matérias.

O *odi profanum vulgus* (odeio o vulgo profano) de Horácio foi repetido em vários tons pelo nosso autor: «vão povo», «cega gente», «profano vulgo». O conceito de povo inclui naturalmente o povo humilde e ignorante, mas quando falava de «profano vulgo» não era a esse povo que se referia. Sentiu necessidade de o dizer na Carta a João Rodrigues de Sá Meneses: *«Eu chamo povo onde há baixos intentos»,* ou *«Eu digo destes homens, que cá vemos / Feitos todos de terra, e de metal».* Assim poderão perceber-se melhor os versos que costumam citar-se para comprovar a sua concepção aristocrática da arte: «Fuja daqui o odioso / Profano vulgo, eu canto / As brandas Musas, a uns espritos dados / Dos Céus ao novo canto / Heróico [...] / [...] Neste sejam cantados / Altos Reis, altos feitos, / [...] Ode I.

Dada a época em que estamos, do Renascimento, os autores greco-latinos são tidos como os cânones perfeitos. Este princípio funciona para António Ferreira como um axioma, pois que já não é um introdutor do dolce stil nuovo, é antes um seu praticante natural. Há pois que imitá-los, renovando--os ou ultrapassando-os. O próprio Ferreira pôs em prática esta necessidade ao propor nà sua teorização literária elementos retirados de Horácio, da Epístola aos Pisões (Epistola ad Pisones). Esta necessidade expõe-na sobretudo na Carta a Diogo Bernardes e na Carta a D. Simão da Silveira. Ouçamos o que nos diz nesta última. Referindo a boa imitação, diz: «Geralmente foi dada boa licença / Às línguas: ūas às outras se roubaram: / Só o bom esprito faz a diferença»; referindo as fontes de estudo expõe: «Porque mais Mântua, e Esmirna que Lisboa, / Se o claro sol o seu lume nos não nega, / Terá (se s'arte usar) maior coroa? / Haja estudo, haja uso, não haja cega / Ousadia, na fonte beberemos, / Donde o doce licor mil campos rega».

Na sua teorização poética, como aliás em toda a obra, teve por modelo o poeta latino Horácio. O exemplo da veneração de Horácio vem desde Petrarca (1304-1374) e Poliziano (1454--1494). Muitos dos nossos quinhentistas inspiraram-se, imitaram ou traduziram Horácio, desde Camões a André Falcão de Resende (1500?-1573). A Arte Poética (Ars Poetica ou Epistola ad Pisones) de Horácio, teve entre nós um grande percurso. No século XVI, entre comentários e traduções, temos publicações de Aquiles Estaço (1553), do P.e Bento Pereira (jesuíta), de D. Frutuoso de S. João, de Gaspar Pinto Correia, do P.e Peixoto Correia (jesuíta), de Pedro da Veiga (1578) e de Tomé Correia (1587). Não pararam, desde então, até ao século XX, os comentários, publicações, edições e traduções, quer de todas as obras poéticas, quer em especial da Arte Poética. A mais célebre, e que merece ser citada, é a Arte Poética. Traduzida e ilustrada em portuguez, por Cândido Lusitano, 1758, Lisboa.

Se a Arte Poética de Horácio não é propriamente um tratado, pois está inserida numa carta, muito menos sistemáticos são os princípios teóricos de António Ferreira. Trata-se de meros conselhos, esparsos por várias Cartas. Vamos tratar em conjunto das faculdades poéticas, da crítica e autocrítica, da sujeição à justa proporção.

Segundo António Ferreira o poeta deve possuir: «doutrina» (doctrina), isto é, um saber alargado a vários campos de cultura; «engenho» (ingenium), talento poético natural e inato; «arte» (ars), conjunto de meios e técnicas de expressão. Além disso, deve usar como métodos: o «trabalho» (studium, labor), isto é, a elaboração e reelaboração da escrita e a «lima», escrita e correcção continuadas.

Não deve também fiar-se em si próprio, deve ter um amigo ou amigos a quem possa mostrar as suas composições e de quem possa esperar uma crítica sincera e honesta, não bajuladora.

Deve também adoptar uma justa medida: um meio termo entre engenho e arte, engenho e trabalho, clareza e ornato artificioso. Nestas questões utiliza a máxima in medio virtus (no meio está a virtude).

Exemplifiquemos algumas das ideias expressas.

Na Carta a D. Simão da Silveira escreve: «Quem senão arte, e uso, um só divino / Engenho, que inflamado em novo fogo / Ousou roubar o canto peregrino?»; «Haja estudo, haja uso, não haja cega / Ousadia [...]». Na Carta a Diogo Bernardes diz: «Mas tratarei contigo amigamente / Do conselho que pedes; juízo, e lima / Tem em si todo humilde, e diligente.» [...] «A primeira lei minha é, que de mim / Primeiro me guarde eu, e a mim não creia, / Nem os que levemente se me rim. / Conheça-me a mim mesmo: siga a veia / Natural, não forçada: o juízo quero / De quem com juízo, e sem paixão me leia. / Na boa imitação, e uso, que o fero / Engenho abranda ao inculto dá arte, / No conselho do amigo douto espero. / Muito, ó poeta, o engenho pode dar-te. / Mas muito mais que o engenho, o tempo, e estudo; / Não queiras de ti logo contentar-te. / É necessário ser um tempo mudo! / Ouvir, e ler somente: que aproveita / Sem armas, com fervor cometer tudo?» [...] «Do bom escrever, saber primeiro é fonte. / Enriquece a memória de doutrina/» [...] «S'ornares de fino ouro a branca prata/ Quanto mais, e melhor já resplandece, / Tanto mais val o engenho, s'à arte se ata.» [...] «S'obra em verso arte mais, se a natureza? / Ũa sem outra val ou pouco, ou nada. / Mas eu tomaria antes a dureza / Daquele, que o trabalho, e arte

30

abrandou, / Que destoutro a corrente, e vã presteza.» [...]
«Engenho, arte, doutrina: só queria / Tempo, e lima d'inveja
forte muro. / Ensina muito, e muda um ano, e um dia, / Como
em pintura os erros vai mostrando/ Depois o tempo, que o
olho antes não via. / Corta o sobejo, vai acrescentando /
O que falta, o baixo ergue, o alto modera, / Tudo a ũa igual
regra conformando.» [...] «do ornamento / Ou tira, ou põe:
com o decoro o tempera.» [...] «Não mude, ou tire, ou ponha,
sem primeiro / Vir aos ouvidos do prudente experto / Amigo,
não invejoso, ou lisonjeiro.»
   Também da Carta a Pêro de Andrade *(VIII, L. I)* se poderiam extrair várias afirmações directas sobre o assunto.

   Quanto a aspectos estético-literários e linguístico-estilísticos
dos poemas de Ferreira, limito-me a sintetizar o que já foi
sendo afirmado, quer na apresentação genérica da sua época,
quer no relance passado pelos aspectos temáticos da sua obra,
nomeadamente pela sua teorização literária. Assim, a mitologia substitui a alegoria medieval, a linguagem é intelectualizada e dirigida a leitores cultos; nos processos estilísticos pre-
dominam as figuras de pensamento como a perífrase, a antí-
tese, a sinédoque, a metonímia, a hipérbole e outras; o ornato
é usado na justa medida.
   São imitados os autores greco-latinos, quer nas estruturas
métricas, quer nos temas; é imitada (mimese) a natureza
(mundo físico e humano), sobretudo nos aspectos nobres, positivos, e universais; aplica o princípio de que arte em geral
exige «doutrina, engenho, arte e trabalho»; apenas escreve em
língua portuguesa, rejeita o uso da língua castelhana, recusa a
tradição medieval nas formas, evita os arcaísmos e provincia-
nismos; a nível sintáctico, há muitas vezes discordâncias entre
o ritmo métrico e o ritmo sintáctico; utiliza a aproximação à
sintaxe latina com as transposições adequadas como o hipér-
bato, o anacoluto, as inversões; as proposições obedecem a
uma ordenação lógica.
   Temos falado sobretudo de intelectualismo, mas não quer
dizer que a emoção não esteja presente nos momentos em
que o amor e a amizade e outros sentimentos se exprimem
vitalmente. É óbvio que os traços estilísticos enunciados são
princípios genéricos. Para uma análise aprofundada, esta
terá que exercer-se num texto concreto: segundo predomine
a presença do emissor ou do receptor ou a sua inter-relação,
segundo a natureza do referente e a estrutura métrica em

31

que se exprima, assim o texto apresenta recursos estilísticos diferentes.

Desejava apenas salientar que um dos grandes méritos de António Ferreira foi ter elaborado nos seus textos, publicados mais tarde, mas certamente conhecidos em manuscrito, géneros e temas que Camões expressará na sua poesia lírica e em Os Lusíadas, só que com maior vigor de pensamento e de expressão.

2. Comédia

Para compreender o texto das comédias, torna-se necessário um enquadramento prévio. Os autores quinhentistas portugueses (Sá de Miranda, António Ferreira, Camões) tentam adaptar aos novos tempos a comédia romana de Plauto e Terêncio e a italiana renascentista.

Há uma ascendência a referir. Na Grécia a Comédia tinha apresentado três fases: a Comédia antiga (Aristófanes, c. 445-c. 386 a. C.) que focava assuntos de sátira política, filosófica e literária; a Comédia média (Antífanes, c. 406-330 a. C), que, através de alegorias morais e temas mitológicos, atingia veladamente problemas do quotidiano; a Comédia nova (Menandro, c. 340-292 a. C., Filémon, Apolodoro de Caristos). Esta última abandona as características anteriores e dedica-se à apresentação de tipos sociais com a análise psicológica das personagens.

Plauto (c. 250-184 a. C.) e Terêncio (c. 185-159 a. C.), escritores romanos, imitaram a Comédia nova grega: Plauto com um amplo desfile de tipos sociais, com o quiproquo cómico, confusão de identidades de personagens; Terêncio, a quem pertence a frase homo sum et humani nihil a me alienum puto (sou homem e nada do que é humano me é estranho), com intuitos moralizadores e com uma alargada humanidade das personagens.

Foram estes os autores imitados pelos renascentistas, primeiro pelos italianos, depois pelos portugueses e a generalidade dos escritores europeus. Aqui se inserem as comédias de António Ferreira.

Bristo. Composta em 1553, dedicada ao Príncipe D. João (1537-1554), filho de D. João III, representada em Coimbra em 1554, publicada pela primeira vez, juntamente com Cioso, em Comédias Famosas Portuguesas dos Doutores Francisco Sá de Miranda e António Ferreira, Lisboa, 1622.

A fábula dramática gira à volta de três famílias: duas burguesas (a de Roberto e a de Calidónio) e uma pobre (a de Camília). Roberto quer que seu filho Leonardo case com a filha de Calidónio. Leonardo, porém, pretende casar-se com Camília, filha de Cornélia e órfã de pai. Camília é também pretendida pelo velho Aníbal, cavaleiro fanfarrão sempre acompanhado pelo arruaceiro Montalvão. O alcoviteiro Bristo, através de multímodas artimanhas, consegue o casamento secreto de Leonardo e Camília. Os dois militares fanfarrões dão uma tremenda surra em Bristo.

Finalmente vem o fim feliz. O pai de Camília (Píndaro), dado como morto na Índia, de lá regressa rico, juntamente com o filho Arnolfo: anagnórise. Mais dois casamentos se concertam: Alexandre, filho de Calidónio, casa com a irmã de Leonardo, Arnolfo, filho de Píndaro, casa com a irmã de Alexandre.

Os temas e situações são de carácter moral e social: pais interesseiros na união de famílias burguesas e no casamento dos seus filhos; os amores de jovens e velhos; a fanfarronice; as personagens dependentes, intriguistas, subservientes, e interesseiras; o enriquecimento na Índia; o picaresco de Bristo.

A peça tem 5 actos, a acção desenrola-se em Itália, segue de perto passagens do Miles Gloriosus (O Soldado Fanfarrão), de Plauto, e o exemplo de Vilhalpandos, de Sá de Miranda. Predomina o cómico de situação.

Cioso. A acção passa-se na praça de S. Marcos, em Veneza. Um jovem português (Bernardo) enamora-se por Lívia. O pai desta (César) obriga-a a casar com o banqueiro Júlio. Este encerra-a em casa, em Veneza. Bernardo vem em busca de Lívia, aí encontrando o seu amigo Octávio. Este, amante da cortesã Faustina, pede-lhe que receba, por uma noite, Júlio, para que Bernardo se possa encontrar a sós com Lívia. Faustina recusa-se, mas a sua moça Clareta toma o seu lugar. Júlio vai a casa de Faustina, mas quem o recebe é Clareta.

É aí surpreendido por Octávio e recolhe a sua casa. Entretanto Brómia, ama de Lívia, abre a porta a Bernardo, que assim se encontra a sós com Lívia. Quando Júlio regressa a casa, Brómia, fingindo não o conhecer, não lhe abre a porta.

Assim, o «cioso» é enganado duplamente. Dá-se um banquete para todos os comparsas e é acrescentada a anagnórise em que Bernardo e Octávio se reconhecem como irmãos.

Outras personagens se movimentam: César e Pórcia, pais

de Lívia, Ardélio, pajem de Bernardo, Janoto, pajem de Octávio, Clareta, moça de Faustina.

A peça tem 5 actos. Apresenta como temas e situações principais: os ciúmes de Júlio em relação a sua esposa; a clausura da mulher; o amor platonizante encarnado por Bernardo, e o amor sensual encarnado em Octávio; os serviços e intrigas por parte das personagens dependentes: os pajens Ardélio e Janoto, a moça Clareta, a ama Brómia; a agnição clássica; monólogos extensos das personagens. Existe uma certa deficiência no desenho das personagens e aproximação dos modelos plautino-terencianos e italianos.

IV. CASTRO, TRAGÉDIA

Introdução
Tragédia Grega

A tragédia (tragoidía) teve a sua origem no ditirambo, coro (cantos e danças) tumultuoso, apaixonado e entusiasta em honra de Dioniso. O corifeu (koryphaíos) celebrava as aventuras do deus; os coreutas vestidos de sátiros participavam da sua alegria e tristeza.

Vejamos os principais autores e algumas das suas características. Ésquilo (c. 525-456, a. C.): os deuses são soberanos e terríveis, têm inveja dos homens demasiado felizes ou orgulhosos (némesis), estão eles próprios sujeitos a um Destino (ananke); existem famílias sujeitas fatalmente a cometer crimes (ex. os Átridas).

Sófocles (c. 496-c. 450, a. C.): a vontade humana assume um papel mais alargado que em Ésquilo. Acho útil, por ser famosíssima e porque Aristóteles se baseou sobretudo nela para a teorização da tragédia, apresentar um breve argumento da tragédia de Sófocles, Édipo-Rei. Édipo tornou-se rei de Tebas, ao libertá-la da esfinge. Julga-se filho do rei de Corinto. A peste assola o país. Consultado o oráculo de Apolo, este declara que a peste cessaria se o assassino de Laio fosse morto ou expulso. Édipo amaldiçoa este assassino. Tirésias declara-lhe que o assassino é ele mesmo. Notícias advindas, primeiro da rainha Jocasta, depois de um mensageiro de Corinto, finalmente do pastor, a quem Édipo tinha sido entregue em criança, confirmam a verdade: o assassino de Laio é Édipo, seu próprio filho. Édipo cega-se, esvaziando os próprios olhos. Jocasta suicida-se.

Eurípides (c. 480-406, a. C.): certo cepticismo em relação aos deuses; pessimismo em relação à vida humana; a morte humana é, ou o princípio dos infernos mitológicos, ou é o fim total; politicamente é afecto à democracia, sociologicamente é inimigo dos ricos e do baixo carácter dos pobres e afecto às classes médias. O que se compôs, desde Eurípides até à extinção das Grandes Dionísias, é apenas conhecido por pequenos fragmentos ou alusões.

Como características gerais da tragédia grega podemos sintetizar: tem por finalidade dar o sentido do belo, produzir uma impressão estética através de todas as artes (palavra, música e dança); a intriga e o seu desenrolar têm pouca importância, o lirismo suplanta-os; liberdade de escolha do assunto; violência na expressão dos sentimentos; não prevalece a lei das três unidades, como mais tarde se julgará. Mantêm-se algumas convenções: o assunto devia ser grego, quase sempre lendário; o número de actores não ultrapassa os três; não se ensanguentam as cenas; uso do ático no diálogo e do dórico nos coros.

Aristóteles (384-322), na sua Poética, *diz que a tragédia é «a imitação da acção, elevada e completa, dotada de extensão, numa linguagem temperada, com formas diferentes em cada parte, que se serve de acção e não de narração e que por meio da comiseração (éleos) e do terror (phobos)* provoca a catarse *(cátarsis) das paixões»; declara ainda que «é necessário serem seis as partes da tragédia, que constituem a sua qualidade. E são estas: fábula, carácter, elocução, pensamento, espectáculo e música». Aristóteles dá um lugar primacial à fábula e não fala na — depois chamada — «lei das três unidades.» Segundo diz Victor Aguiar e Silva, em* Teoria da Literatura: *«na prática e teoria literárias do Renascimento tardio, sobretudo após a difusão da Poética de Aristóteles e a sua combinação ou fusão, com a Epístola aos Pisões de Horácio, a doutrina dos géneros literários alcançou um desenvolvimento, uma sistematicidade e uma minúcia que a transformaram, até ao advento do Romantismo, num dos factores mais relevantes da metalinguagem do sistema literário». Muitas interpretações tardias (séculos XVI, XVII XVIII) não correspondem ao pensamento de Aristóteles.*

Elementos da tragédia grega *(enunciação).*

Em relação à acção: hybris, *desafio das personagens perante os deuses, destino ou sociedade;* némesis, *vingança dos deuses perante os excessos dos homens;* ananke, *destino;*

35

peripéteia (peripécias), *encadeamento dos acontecimentos;* catástase *ou* catástrofe, *mudança inesperada dos acontecimentos;* anagnórise, *reconhecimento inesperado da identidade de uma personagem;* clímax, *gradação do sofrimento;* pathos, *sofrimento.* Em relação aos espectadores: cátharsis *(catarse),* purificação das paixões; phobos, *terror, medo;* éleos, *piedade.*

O conhecimento desta terminologia torna-se absolutamente necessário, quer para compreender um texto teórico sobre tragédia em sentido restrito ou lato, quer para análise operativa de uma tragédia. Demos apenas a terminologia essencial.

Tragédia renascentista

No Renascimento os humanistas começaram por escrever tragédias em latim. É de pôr em relevo a Itália. Daí partiram influências para toda a Europa. Ainda no século XIV, em Itália, podemos mencionar: Mussato (Eccerinis, 1315), Fabriano (De Eccidio urbis Caeserae, 1377), Manzini (Tragédia, 1387), A. Loschi (Achille, 1390). No século XV, ainda em Itália, podemos citar, L. Dati (Hiempsal, 1442), L. Nobili, Verardi, etc.; no século XVI: A. Telesio, G. Flaminio, etc.

Em língua vulgar, ainda em Itália, aparecem mais tarde, de Camelli (século XV, Philostrato e Pamphilio), de G. Trissino (Sofonisba, 1515), de Ruccelai (Rosmunda, 1515), de G. Cinzio (Orbecche, 1541), de Speroni (Canace, 1542), de Aretino (Orazzia, 1546), de Manfredi (Semiramis, 1582), de Tasso (Re Torrismondo, 1586).

Por toda a Europa se escreveram ou representaram tragédias. Apenas citamos algumas: em França, em vulgar, Cleopâtre Captive, de Jodelle (1552), Les Juives (1582), de A. Montchrestien; em Espanha, de lembrar Vasco Díaz Tanco, Perez de Oliva, Cristóbal Virués, Juan de la Cueva, J. Bermudez.

Antes, durante ou depois deste movimento, em original ou em traduções, foram publicadas as tragédias de autores greco-latinos. Em Itália são editadas as de Eurípides (1496-1545), de Sófocles (1502), de Ésquilo (1518), de Séneca, antes da obra de Trissino. Em Espanha são publicadas as traduções de Perez Oliva (Hécuba, de Eurípides, Electra, de Sófocles, 1528).

Sintetizando, no Renascimento, publicam-se pela Europa traduções de tragédias greco-latinas, escrevem-se tragédias em latim e em vulgar, de temas greco-latinos, bíblicos e nacionais.

Tragédia em Portugal

Por alusões de Eanes de Azurara (c. 1410/20-c. 1474) na Crónica dos Feitos da Guiné, eram conhecidas em Portugal as tragédias de Séneca Phaedra ou Hippolytus e Hercules furiens, que existiam na biblioteca de D. Afonso V. João de Barros (m. 1553?), na Rópica, cita outras tragédias do mesmo autor. H. Aires Vitória terminava, em 1536, a tradução, em redondilha maior, da Tragédia da vingança que foy feita sobre a morte del Rey Agamenon, que teve a 2.ª edição em 1555.

Os professores bordaleses trouxeram para o Colégio das Artes, onde António Ferreira foi aluno, o hábito das representações em latim, como processo educativo e didáctico largamente usado depois pelos Jesuítas até ao século XVII. Aliás, já anteriormente, no Colégio de Santa Cruz, havia a tradição de representações teatrais. Visitas de altas personalidades a Coimbra ou a Évora passavam a integrar quase sempre representações teatrais.

Jorge Buchanan (1506-1582), professor do Colégio das Artes, escreveu em latim duas tragédias inspiradas em temas bíblicos: Jephtes sive votum e Baptistes sive calumnia. O mesmo Buchanan traduziu para latim, de Eurípides, Medea e Alcestis. Diogo de Teive (1514-1565), professor e amigo de Ferreira, compôs também em latim duas tragédias de tema biblíco: David e Judith. O mesmo Diogo de Teive escreveu, cerca de 1554, em latim, uma tragédia de assunto nacional, Joannes princeps sive unicum lumen. Há notícia da representação, em 1550, da tragédia Golias, de Diogo de Teive, à qual assistiram D. João III e família.

Surgiram finalmente, em português, a tragédia Cleópatra, de Sá de Miranda, obra perdida, de que hoje resta apenas uma estância de sete sílabas, e a tragédia Castro, de António Ferreira. Não se sabe exactamente a data da escrita da Castro. D. Carolina Michaelis, baseando-se em dados biográficos e bibliográficos, atribui-lhe a data provável de 1557. Foi representada em Coimbra.

Terá existido um texto inicial, sobre que se terá baseado a representação, que terá sofrido aperfeiçoamentos sucessivos e que foi publicado pela primeira vez (1.ª edição, 1587) em Tragédia muy sentida de Dona Ines de Castro, a qual foy representada na cidade de Coimbra. Agora novamente acrescentada. Impressa com licença por Manuel de Lyra. Depois surgiu a edição de 1598, feita pelo filho do escritor. Acerca das duas, Júlio de Castilho, comparando o único exemplar então conhecido da 1.ª edição, com a de 1598, concluiu que o texto de 1587 é aquele «sobre o qual o autor teria bordado as variantes e interpretações que se encontram na edição de 1598». Acrescenta ainda: «Dessa cópia de Manuel de Lira para a que possuía Miguel Leite Ferreira há (como dizíamos) grandes diferenças, visivelmente feitas pelo autor; e é fácil reconhecer mais mestria na Castro de Miguel Leite do que na Ines de Manuel de Lira, o que mostra que esse códice conservado na casa do poeta era o que ele perfilhava e onde a sua lima tinha trabalhado com mais eficácia» (in Livraria Clássica, vol. XI, t. I).

Polir, melhorar, aperfeiçoar era nitidamente um ideal literário de António Ferreira.

Tem havido estudos (Raimundo Lebègue, Teófilo Braga, Luís de Matos, Wickersham Crawford, Adolfo Coelho) que apontam para influências directas na Castro: as tragédias de Buchanan, da Agammémnon e da Phaedra de Séneca, o conhecimento directo de tragédias gregas. É difícil precisar influências, tanto mais que alguns temas e lugares comuns existiam desde os Gregos até Séneca, e, através deste, até aos tragediógrafos «humanistas» (os que escreviam em latim) e os «renascentes» (os que escreviam em vulgar). De qualquer forma, é possível afirmar com segurança que a Castro resulta de vários dados culturais: a tradição teatral de Coimbra, o conhecimento do teatro grego no original ou em traduções, o conhecimento de dramaturgos italianos, a leitura de Séneca e dos tragediógrafos do Colégio das Artes. Além disso, a influência do meio e tradição coimbrã, historicamente ligados à vida e morte de D. Inês de Castro e as suas próprias ideias, a sua visão da vida, o seu esforço de aperfeiçoamento formal, todos estes dados culturais terão contribuído para a génese da Castro.

Dessas mesmas fontes inspiradoras e das suas ideias próprias terão provindo as suas especificidades: a escrita em português e a escrita em verso branco decassilábico.

Entrecho da Castro

Acto I. Numa fala, em tom lírico, Inês, dirigindo-se ao coro, mostra-se feliz. A ama inicia um diálogo com Inês: esta expõe a história do seu amor, os seus medos do rei e do povo, mas declara-se feliz, confirmada que foi no seu amor pelo infante D. Pedro. O infante, em monólogo arrebatado, reforça em si próprio o amor, mas mostra preocupações. O coro responde apelando à Razão. Em diálogo, o secretário, em nome do dever, procura chamar o infante à razão, censurando os lisonjeadores que não têm coragem para o fazer. O infante expõe ao secretário as motivações da sua determinação no amor a Inês, mas sem apresentar razões irrefutáveis. O coro aprova a fala do secretário e censura a de D. Pedro. Finalmente, um primeiro coro enumera os benefícios do amor. Um segundo coro expõe os males causados pelo amor.

Neste primeiro acto está expresso o elemento gerador da acção: o Amor de Pedro e de Inês. No diálogo entre Inês e a ama expõe-se o argumento. É a apresentação da acção.

Acto II. O rei reúne-se com os conselheiros; manifesta-se inseguro e indeciso nas atitudes a tomar perante o caso Pedro--Inês: lamenta a má «estrela» de D. Pedro, vê a inocência de Inês, sugere o seu encerramento num convento, ou a expulsão do reino, sente-se injusto se a mandar matar.

Os conselheiros, desde o início, não têm dúvidas: «Senhor, moura / por salvação do povo.»; «se te parece em parte isto crueza, / não é crueza aquela mas justiça.»

O rei consente na morte de Inês, mas entrega aos conselheiros e à sua noção de justiça a responsabilidade do acto de a sacrificar. Entrega-se nas mãos de Deus na decisão que toma e lamenta a sua condição de rei, preferindo-lhe a «vida felicíssima» do «pobre lavrador».

O coro termina, entoando uma ode em que é louvada a mediania dourada e censura os que «negam obediência / Àqueles que os geraram», lembra a D. Afonso que ele próprio se levantou contra seu pai.

Neste acto decorre a preparação para o desenlace trágico. A morte de Inês é uma necessidade. O conflito concretiza-se: o amor em luta com as razões de Estado.

Acto III. Inês teve um sonho medonho que conta à ama: tinha visto um leão ameaçador a aproximar-se e depois a retirar-se; depois uns lobos que, após a retirada do leão, a dilaceravam e lhe davam a morte. Inês confidencia medos pavorosos, por si, pelos filhos, pelo infante. A ama tenta acalmá-la, lembra-lhe o casamento já realizado, aponta-lhe ideias felizes, como os filhos, a beleza da natureza, o amor do infante.

Intromete-se no diálogo, como personagem, o coro, a anunciar-lhe que o sonho vai tornar-se realidade. Anuncia-lhe a sentença de morte. Inês, esmagada tragicamente, aceita a morte, mas pede a todos que a «defendam» dela. O coro entoa versos à fugacidade do tempo e à necessidade de o apro-

39

veitar, dirige-se a D. Pedro censurando-o por não viver bem o tempo com a sua Inês, dirige-se à morte pedindo-lhe piedade por tanto amor e tanta beleza.

Neste acto o clima trágico adensa-se: o sonho é presságio da morte. A morte é anunciada, Inês sente-se esmagada e, impotente perante o seu destino, pede ajuda.

Acto IV. Em cena, aparecem Inês, o Rei, os conselheiros, o coro. Os conselheiros aconselham ao rei a «presteza». Inês perante o rei expõe a sua inocência, a sua fragilidade, a orfandade dos filhos; pede-lhe «piedade» com «justiça», pede-lhe a «vida» para o infante, as suas culpas são apenas o seu amor de D. Pedro: sugere-lhe o desterro. Pede ajuda aos próprios conselheiros.

Perante isto, os conselheiros mantêm a sua posição, pois só «nela (a morte) / se ganha ũa geral vida a todo o reino»; o rei passa de uma lamentação da morte de Inês, para uma decisão de lhe manter a vida: «Eu te deixo / vive, enquanto Deus quer.»

Os conselheiros insistem na sua: «Daqui pende / ou remédio d'um reino, ou queda certa.» Finalmente, o rei passa à posição do segundo acto, delegando a responsabilidade: «Eu não mando, nem vedo. Deus o julgue. / Vós outros o fazei, se vos parece / Justiça [...]». O coro intervém censurando o rei e sobretudo os conselheiros, enquanto se executa a morte de Inês (não apresentada em palco). O rei, depois da execução, ainda quereria voltar atrás.

O coro chora o acontecido, invocando o Amor, a Morte, o Infante; lembra que a memória de Inês ficará por ter morrido de amor; finalmente lamenta a morte: «Ó que mágoa! / Ó que crueza tão fera e tão bruta!»; aponta para uma vingança.

Neste acto a tragédia consuma-se: as razões de Estado vencem as razões do Amor.

Acto V. O Infante, em monólogo, lembra a «luz» que deixou onde vive Inês, na sua ausência tudo lhe é «escuro».

Um mensageiro traz-lhe a triste notícia: «É morta D. Inês que tanto amavas». O Infante fica esmagado, perplexo: «Que direi? que farei? que clamarei?» Invoca a Morte, Inês, o Rei, os «homens cruéis».

A tragédia termina com uma longa fala do Infante em que exprime: a evocação dolorosa de Inês convidando Coimbra a chorar com ele, a promessa de vingança contra os assassinos, os protestos de inimizade contra o rei, o juramento a Inês de que será «cá rainha», a esperança de reencontro no Céu.

40

Elementos clássicos da Castro

As personagens pertencem a um alto estatuto social; segundo a tradição clássica, a importância e gravidade dos acontecimentos e sentimentos apenas em altas personagens teriam uma perfeita encarnação. O número de personagens é diminuto, na obra em geral, em cada acto, em cada cena; existem os confidentes (Ama e Secretário), o que evita monólogos extensos.

O coro da Castro é um elemento caracteristicamente clássico, quer na sua existência, quer na sua composição por elementos socialmente humildes, «as moças de Coimbra», quer pela grandeza do seu carácter colectivo, quer nas suas funções de comentário à acção, de admoestação e censura às personagens, de diálogo com elas.

A existência de cinco actos corresponde à divisão grega em prólogos (prólogo), episódios (geralmente três), e um éxodos (êxodo, saída). Os Latinos tinham interpretado como obrigatória a existência de cinco actos na tragédia.

Estão presentes os elementos intrínsecos à tragédia clássica. Existe a hybris (aqui, desafio à sociedade) de D. Inês e D. Pedro na sua paixão amorosa, existe a némesis (aqui, vingança do Estado) da razão de Estado sobre a paixão amorosa, existe a ananke (necessidade, fatalidade), que domina o destino das personagens, aqui representado pelas razões de Estado. Estão presentes a peripéteia (peripécia, encadeamento dos acontecimentos), o pathos (sofrimento) derivado do conflito e da insegurança da vida, o clímax (a gradação), com momentos de retardamento e de aceleração, a catástase ou catástrofe, a consumação da tragédia no acto IV, o terror (phobos) e a piedade (éleos) provocados nos espectadores, que os levarão a uma depuração dos sentimentos (cátharsis).

O artifício do sonho, como aviso de uma desgraça iminente, usado nas tragédias antigas, também aqui é usado no Acto III.

Quanto a tempo, Aristóteles aconselha, sem o erigir em lei, o prazo de 24 horas, como mais próximo da verosimilhança. António Ferreira não nos dá qualquer indicação explícita da hora em que começa e termina a acção. Podemos no entanto imaginá-la como decorrida em dois dias: no primeiro, os acontecimentos relatados no primeiro e segundo actos; no segundo dia, realiza-se a tragédia; entre o primeiro e segundo dia, aconteceu o sonho, presságio da desgraça. Pouco mais de 24 horas? Muito mais de 24 horas? Não interessa. O que interessa é notar que os acontecimentos se sucedem

41

com uma implacável lógica evolutiva, sem atrasos nem delongas.

A unidade de lugar, «lei» estética só estabelecida pelo teatro italiano, não existe na Castro. Nada de explícito o dramaturgo nos refere. Júlio de Castilho, na edição de 1875 (Livraria Clássica, vol. XIII, t. III), imaginou que o primeiro acto se passava no jardim do paço de Santa Clara, o segundo numa sala do castelo de Montemor-o-Velho, o terceiro num terrado do paço de Santa Clara voltado para o Mondego, o quarto numa sala do mesmo edifício, e o quinto num «lugar ermo e selvático entre montanhas, nos arredores de Coimbra». A imaginação de Castilho é verosímil, mas nada impede que situemos o 1.º, 3.º e 4.º actos no mesmo lugar de Santa Clara, o 2.º na própria cidade de Coimbra, na Alcáçova real.

A acção, de acordo com alguns modelos grecos-latinos e do que mais tarde seria realizado no teatro francês, é tomada num ponto crítico e final dos acontecimentos. O que impressiona na Castro é a rapidez com que se passa da felicidade ao infortúnio: D. Inês passa, em pouco tempo, da segurança à notícia e à tortura da morte; D. Pedro passa do arrebatamento das promessas para o desespero da morte consumada; os Conselheiros agem sempre na maior «presteza»; o Rei tem que tomar as decisões sob a urgência do tempo.

A pureza da acção trágica está de acordo com o aspecto pouco movimentado da tragédia greco-latina e sobretudo da de Séneca e de acordo com a lentidão psicológica da tragédia francesa posterior. Assim, as deficiências depois apontadas, quase sempre à luz do teatro romântico ou moderno, como a ausência de diálogos entre D. Inês e D. Pedro, entre este e D. Afonso, a demasiada simplicidade do enredo, a falta de lances dramáticos e de movimento, acabam por ser qualidades, vistas à luz do teatro clássico: a acção centra-se num único e central conflito com princípio, meio e fim (lei da unidade de acção), a acção é sobretudo de natureza interior. Também a morte de D. Inês se não realiza em cena.

Só a atenta leitura e observação dos modelos permitiu ao autor elaborar este tipo de acção que está de acordo com os modelos antigos e é precursor do teatro francês do século XVII. Esta observação serviu-lhe também para a inclusão de vários dos aspectos clássicos atrás enunciados, pois temos que nos lembrar que a arte dramática que hoje apelidamos de clássica só mais tarde foi moldada pela teorização de Castelvetro (1570) ou João de la Taille.

Desvio da história

Almeida Garrett, na Memória ao «Conservatório Real», dizia, a propósito do seu Frei Luís de Sousa: «eu sacrifico às Musas de Homero, não às de Heródoto». António Ferreira poderia ter dito coisa semelhante: a acção dramática foi, ou colhida na tradição popular, ou em versões lendárias, e tratada segundo imaginação pessoal e não segundo os factos da história.

Convém conhecer os factos de que nos falam López de Ayala, Fernão Lopes e Rui de Pina.

Havia dois impedimentos para o casamento de D. Pedro e D. Inês: D. Pedro era primo carnal do pai de D. Inês; esta era madrinha (parentesco espiritual) de D. Luís, filho de D. Pedro e D. Constança. Claro que a Igreja poderia dispensar destes dois impedimentos.

Em virtude das relações entre D. Pedro e D. Inês, esta esteve exilada no castelo de Albuquerque (Estremadura espanhola), ainda em vida de D. Constança, sem, por isso, cessar a correspondência entre os dois apaixonados.

Após a morte da esposa, contra ordem expressa de D. Afonso, D.Pedro fez entrar no reino D. Inês e com ela viveu em «maridança». Correu a notícia de que ambos teriam casado secretamente. Perguntaram-no a D. Pedro e este, «por temor e receo que del avia», segundo Fernão Lopes, negou tal casamento. O escândalo era grande entre a nobreza e o clero.

A acrescentar a estes factos havia questões políticas: os irmãos de D. Inês influenciam D. Pedro e conseguem que ele faça causa com eles em lutas contra Castela e que ele crie intenções políticas perigosas para outros reinos; os filhos de D. Inês poderiam fazer perigar a sucessão do herdeiro do trono D. Fernando.

O caso tinha implicações políticas a nível externo e interno.

Por isso reúne-se em Montemor-o-Velho o Conselho da Coroa, em que participaram Álvaro Gonçalves, Pêro Coelho, Diogo Lopes Pacheco e outros. Resolve-se a decapitação de D. Inês. A sentença executa-se rapidamente, certamente por intermédio de um carrasco. O seu cadáver ficou sepultado na Igreja do convento de Santa Clara.

A fábula de António Ferreira assemelha-se à versão lendária de Garcia de Resende (Cancioneiro, 1516), de um «romance» que antes tinha existido na Península e contém certamente elaboração pessoal que a pusesse à altura de uma tragédia.

Personagens. Caracterização sumária

As personagens principais são D. Inês, D. Pedro. D. Afonso.

D. Inês. Jovem, mãe, infeliz porque acreditou totalmente no amor. As suas razões tiveram o poder de convencer o ânimo de D. Afonso. Percurso: euforia de felicidade (1.º acto); um mal-estar carregado de tristes presságios (3.º acto), prostração e aceitação da morte (3.º acto); advogada de si própria perante o juiz e os acusadores, mostra todo o seu valor de pessoa, esposa e mãe (4.º acto). É simpática ao leitor e espectador. É uma personagem modelada, isto é, dinâmica e dotada de densidade psicológica.

D. Pedro. Apresenta a dignidade do verdadeiro amante, faz promessas de felicidade a Inês e revolta-se quando as vê tornadas vãs. Percurso: apesar das promessas, quase em oração, manifesta as suas preocupações (1.º acto); obstina-se arrebatadamente no amor e no que julga um direito real, perante o secretário (1.º acto); mostra-se saudoso da sua Inês (5.º acto); mortalmente ferido pela notícia da morte, profere invocações à morte, a Inês, ao rei, aos matadores, evoca a beleza e o amor de Inês e promete vingança (5.º acto).

D. Afonso IV. Apresenta toda a nobreza de rei, própria de tragédia, tenta ser humano e defender o Estado; perante a impossibilidade da realização dos dois objectivos acaba por alijar a responsabilidade. É a personagem mais dramática da tragédia. Percurso: rei e homem sofredor, indeciso na sua preocupação de bem cumprir, segue o ponto de vista dos conselheiros, alijando a sua responsabilidade, ora a Deus que o liberte do fardo de decidir e de ser rei (1.º acto); no 4.º acto, inicialmente ao lado dos conselheiros, é depois demovido pelas razões de Inês, é novamente demovido pelas razões dos conselheiros e entrega-lhes a justiça, volta a arrepender-se do que fora feito. Profundo dramatismo pela divisão da personalidade perante pontos de vista diferentes: os seus, como homem e rei cristão, o de Inês, que reforça esse ponto de vista, o dos conselheiros que o obriga a tomar a defesa do Estado. Uma fala do coro resume a humanidade do rei: «Eu vejo teu espírito combatido / De mil ondas, ó Rei. Bom é teu zelo. / O conselho leal: cruel a obra». Por isso ele acaba aniquilado: «Afronta-se a minha alma.» Personagem modelada.

As personagens secundárias são as restantes. São personagens planas, isto é, estáticas e sem vida interior.

Conselheiros: personagens planas, sem mudanças de posição. *Representam o papel da sua função, agem, não como homens, mas como portadores das Razões de Estado.*

Secretário: aparece apenas no 1.º acto, é uma personagem plana, representa perante o Infante o papel da razão.

Ama: é a confidente típica do teatro clássico.

Mensageiro: apenas tem de cumprir o papel de anunciador da morte de Inês ao Infante.

Coro: é dramático e lírico nas suas intervenções. Cumpre o papel de coro; abrange multímodos aspectos da acção e da vida humana: apela à razão, fala dos benefícios e malefícios do amor (1.º acto); louva a mediania dourada, censura os que desobedecem aos pais (2.º acto); anuncia a sentença de morte, canta a fugacidade do tempo, pede piedade à morte (3.º acto); chora a morte de Inês, lamenta-a e lembra uma possível vingança (4.º acto).

Temas morais, humanos e político-sociais na Castro

Existe uma diferença entre a Fatalidade da Tragédia Grega e a Fatalidade na Castro. O conceito de Destino na cultura grega (religião, filosofia, poesia, tragédia, etc.) é omnipresente. Das dezenas de palavras gregas que exprimem o conceito de Destino, escolho apenas quatro: Moira *(porção justa, sorte, morte, destino, deusas* Moiras *as deusas do destino);* ananke *(necessidade, destino, sofrimento, laços de sangue, deusa* Ananke *a deusa da necessidade);* dike *(justiça, juízo judicial, castigo, deusa* Dike *a deusa do destino);* Heimarmene *(do verbo* meíromai: *obter em sorte, obter em partilha, ser ordenado ou fixado pelo destino).*

O que aqui interessa é o papel do Destino nos Trágicos gregos. Ésquilo, no Prometeu Agrilhoado, *dá a entender que o próprio Zeus lhe está sujeito. Em Sófocles, lê-se a fala de um coro:* «Destino que desaba sobre o homem, nenhum mortal se pode libertar da desgraça.» *Mesmo em Eurípides,* «racionalista» *e* «psicologista», *é forte a presença do destino. Os homens são instrumentos nas mãos dos deuses e do Destino. Orestes e Édipo nascem com um rigoroso destino que não podem evitar, e, ainda que procurando fugir-lhe, todos os seus passos os encaminham ao encontro d'Ele.*

Não é assim na Castro. O contexto cultural era outro: por este pormenor se verifica que as imitações renascentistas dos antigos, mais que imitações eram adaptações. D. Pedro, o Secretário, a Ama, os Conselheiros, D. Afonso, Inês, todos têm um dever a cumprir, todos têm liberdade de escolher, todos compreendem, embora não aceitem, as atitudes dos outros. A fatalidade na Castro consiste apenas no facto de a paixão amorosa de Pedro e Inês, apesar da morte de D. Constança, se opor às Razões de Estado. De reparar nos seguintes items: as opções de algumas personagens são contraditórias com as de outras; as opções são difíceis de realizar; as opções são difíceis de abandonar; a percepção dos deveres é complexa; todas as personagens se sentem inocentes perante Deus. Seria produtivo seguir a concretização destes items, em cada uma das personagens, sobretudo em D. Pedro, D. Inês, os Conselheiros e D. Afonso. Assim, a Castro, além de tragédia de fatalidade, é uma tragédia de consciência moral, de conflito psicológico. As três personagens principais são moralmente inocentes, as suas opções chocam brutalmente, trazendo a desgraça para todas.

As referências a estrelas, fados, fortuna são abundantes nas falas de Inês, Afonso e Infante. Tais referências podem de alguma maneira ligar-se à fatalidade, mas não no sentido activo que lhe é atribuído nos Trágicos gregos. Podem também relacionar-se com algumas interpretações astrológicas mais ou menos partilhadas no nosso século XVI. Mas, em António Ferreira, trata-se sobretudo de símbolos cujo significado é a incerteza ou incertezas da vida. Tal incerteza, presente na filosofia dos epicuristas e estóicos gregos e latinos, sobretudo Horácio, e bem assimilada por António Ferreira, é bem adequada à época de mudança do Renascimento português; «mistura às vezes a fortuna tudo». Existe a «má fortuna» e a «boa fortuna». É patente uma certa tensão ou relação entre o destino e o comportamento e vontade humanas, uma certa imanência do destino a cada homem: «a consciência errada sempre teme a fortuna»; «muitas vezes a culpa empece ao fado [bom]; «Ajuda tua estrela com o bom siso»; «ou quando minha estrela, e cruel génio.»

Outra tensão continuamente presente é a da relação entre temor e segurança. Segurança assume o significado de felicidade plena que é continuamente perturbada pelo temor: «vejo meu bem seguro, que receava»; «vive leda, vive segura, lança os medos fora». Está ligada a subtemas da aurea mediocritas e do estoicismo e é um elemento intrínseco da tragédia em que funciona como mola premonitória, retardadora e decisória da desgraça iminente.

Razão-vontade, outro dualismo sempre presente, ligado ao conflito interno das personagens: «Mas não pode assi ser Ra-

46

zão cega / cada um levar-se deixa da vontade»; «Não te vejo razão, vejo vontade». Impossível juntar o amor e a razão, só o fará «quem ajuntar puder com água o fogo». Razão será a faculdade que ilumina a justeza ou injusteza moral dos actos humanos; vontade será a tendência psicológica que se confunde com o desejo não esclarecido da obtenção de um bem. Estes conceitos incluem-se na área da moralidade estóica e cristã.

Outras marcas da filosofia estóica e, nalguns casos, epicurista, assimiladas pelo espírito cristão, avultam: a boa consciência, o controlo de si mesmo, o nosce teipsum (conhece-te a ti mesmo), a obediência aos pais, a aurea mediocritas (a mediania dourada), o carpe diem (goza o dia, vive o presente): «Basta a só consciência, basta tanto, / Que com esta há-de ter Deus toda a conta.»; «[...] e mais seguro / A si cada um reger, que o mundo todo»; «Conhece-te melhor: entra em ti mesmo.» A justiça recai sobre «Aqueles livres filhos, / Que contra a natural / Obrigação, e lei, / Negaram obediência / / Àqueles que os geraram»; é feliz o «pobre lavrador» que vive só «no seu campo / Seguro da fortuna, e descansado,»; «vive pois, vive, mocidade cega, / Vive co tempo, dele te enriquece. / Dele só t'arma contr'aquele dia / Do grande aperto [morte]».

Já atrás, nas considerações feitas à obra em geral, se falou da posição política do autor. Aqui apenas queremos pôr em relevo as duas grandes linhas de orientação política expostas pelas personagens em presença, que, por sua vez, afloram as orientações assumidas na época por esta ou aquela visão política. Surgem, na Castro, ideias relacionadas com o Príncipe, de Maquiavel: «O bem comum, Senhor, tem tais larguezas, / / Com que justifica obras duvidosas» [...] «O bem geral quer Deus que mais s'estime, / Que o bem particular. [...]» — dizem os conselheiros ao rei. Este porém exprime a posição tradicional e cristã dos poderes do rei. «Não se há-de fazer mal por quantos bens / Se possam daí seguir [...]»; o rei «não tem / / Licença para mais, que quanto pede / A razão e a justiça [...]». Estas ideias de maquiavelismo e de anti-maquiavelismo eram correntes no século XVI e prestam-se muito bem ao conflito da tragédia.

Estética da Castro: aspectos de expressão, linguagem e estilo

Já nos referimos de passagem à falta de movimento em acontecimentos externos e de multiplicidade de peripécias.

Claro que há acontecimentos, mas para uma mentalidade moderna parecem fazer falta factos mais teatrais. Se me é permitida a comparação, a leitura da peça (diferente da assistência à sua representação), é, pelos valores envolvidos, como uma audição emotiva de uma sinfonia clássica em que um ouvinte vulgar sente a falta de um argumento para os vários movimentos musicais. De facto, o movimento da Castro é feito de conflitos psicológicos, intelectivos e emotivos. A luta desenrola-se naquilo que cada personagem considera vital: o amor apaixonado, o apego à vida e ao amor, o dever conflituoso, a hesitação dramática entre dois caminhos, o medo e o desejo da felicidade. O conjunto da acção é algo de patético e próprio de uma tragédia. Claro que a sua leitura não prende um leitor não culto, não educado, não preparado para sentir problemas que ultrapassem os quotidianos.

O conjunto da acção, as personagens e lugares pretendem ser de todos os tempos e lugares. Não existe o que mais tarde os Românticos usaram como a «cor local». Não existe didascália que indique o vestuário, a luz, os gestos, o cenário e tudo o que diga respeito à representação, que nos coloque no espaço-tempo do século XIV. As personagens e seus problemas, e também os lugares, são clássico-renascentistas e cristãos: na aurea mediocritas, no maquiavelismo e anti-maquiavelismo, nos lugares amenos, na luta razão-vontade, no nosce teipsum, no carpe diem. A natural falta de pitoresco acarreta à obra o carácter de universal.

Já nos referimos ao seu apego à língua portuguesa em conexão com os factores nacionais. Também aqui na tragédia não só se afastou de temas clássicos ou bíblicos, adoptando antes um tema de carácter nacional, mas teve coragem de romper com o teatro em latim praticado pelos humanistas. Assim, assunto nacional, língua portuguesa, dão-se as mãos em a Castro.

Os moldes em que a tragédia se vazou são quase exclusivamente italianas. Nas cenas de acção, o verso solto é decassilábico, combinado às vezes com o de seis sílabas. O mesmo decassílabo usa o coro no meio da acção; no final dos actos, o verso do coro é de dez, seis, ou quatro sílabas. Só esporadicamente o coro usa o verso rimado. Como vemos, há extrema variedade métrica, conforme as situações, no número de sílabas dos versos, no verso branco e esporadicamente rimado, na estrutura das estâncias do coro.

A linguagem é solene, grave e majestosa, conforme convém

a uma tragédia. Esta elevação mantém-se por toda a peça, naturalmente adaptada às situações: «Trabalho mais que estado tem os Reis, / Os bons Reis, que não amam assi seus vícios, / Como as obrigações de se mostrarem / Contra si mais isentos, e mais fortes» (2.º acto). Nesta fala de Pacheco nota-se o uso de substantivos e adjectivos do campo semântico de «estado», «trabalho», realeza, paixão, dever, isenção, fortaleza. Todos estes temas são de carácter elevado, de feição abstractizante, de percepção mais intelectualizada que emocional.

O diálogo, modalidade natural do discurso teatral, ora se apresenta nervoso e dinâmico, ora com carácter reflexivo, ora com efusão lírica, naturalmente adaptada às circunstâncias da expressão. Vejamos um exemplo de cada uma das situações.

Rei   — Assi que assentais nisto?
Cons. — Nisto: moura.
Pach. — Moura.
Rei   — Ũa inocente?
Cons. — Que nos mata.
Rei   — Não haverá outro meio?
Cons. — Não o temos.
Rei   — Metê-la-ei num mosteiro.
Cons. — Ei-lo queimado.
Rei   — Mandá-la-ei deste reino.
Cons. — O amor voa
        [...] (2.º acto)

Pach. — O poder, que tem o Médico num corpo,
        Tens tu sobre nós todos: usa dele.
        Se te parece em parte isto crueza,
        Não é crueza aquela, mas justiça,
        Quando de cruel ânimo não nasce.
        A aspereza dest'obra é medicina,
        Com que s'atalham as mortes, que adiante
        Muitos é que por força te mereçam,
        A clemência por certo é grã virtude,
        [...] (2.º acto)

Castro — Meu doce amor, minha esperança, e honra.
        Sabes como, em saindo dos teus braços,
        Ama, na viva flor da minha idade,
        (Ou fosse fado seu, ou estrela minha)

Cos olhos lhe acendi no peito fogo,
Fogo, que sempre ardeu, e inda arde agora
[...] (1.º acto)

O estilo sublime, próprio da tragédia, avulta sobretudo na expressão do patético (de pathos — sofrimento), é feito em geral de interrogações e exclamações retóricas, apóstrofes, repetições, num paroxismo em que a expressão parece ter dificuldade em atingir os sentimentos expressos:

Infante — Que direi? que farei? que clamarei?
Ó fortuna! ó crueza! ó mal tamanho!
Ó minha Dona Inês, ó alma minha,
Morta m'és tu? morte houve tão ousada
[...]
Morte cega, mataste minha vida,
E não me vejo morto? Abra-se a terra.
[...]
Como tal consentiste, Rei cruel?
Imigo meu, não pai, imigo meu!
Porque assi me mataste? ó Leões bravos!
Ó Tigres! ó serpentes! que tal sede
Tínheis deste meu sangue!
[...] (5.º acto)

Outros recursos estilísticos frequentes são as repetições, os impossibilia (gr. adynata, coisas impossíveis, o mundo às avessas), e o tom sentencioso. As repetições para intensificar a mensagem expressa, os impossibilia para exprimir algo de paradoxal ou impossível, o tom sentencioso para reforçar a mensagem com a carga intelectiva e emocional que a sentença consigo arrasta pelo seu carácter universal e intemporal. Vou apenas ilustrar com alguns exemplos o uso dos impossibilia e do tom sentencioso.

Secretário — Quem ajuntar puder com água o fogo,
Quem misturar co dia a noite escura,
E quem o mau pecado com a virtude,
Este no amor ajuntará a razão,
Este em falsa lisonja a lealdade,
Um o amor não sofre, outro a virtude.
[...] (1.º acto)

Ama — *Mistura às vezes a fortuna tudo.*
 [...] (1.º acto)

Ama — *Cegos, que quantos mais vedam, mais cha-*
 mam.
 Cresce coa força Amor: e o que à vontade
 Se faz mais impossível, mais deseja.
 [...] (1.º acto)

Castro — *O medo ousa*
 às vezes mais que o esforço. [...] (1.º acto)
Ama — *Prudência, e bom conselho o bem conserva.*
 (1.º acto)
Coro — *Não é desculpa ao mal, outro mal grande.*
 (1.º acto)

Fortuna do tema

Não posso terminar, pela sua importância para uma leitura e valorização diacrónica, sem salientar a fecundidade do tema de que Inês de Castro é o centro. Desde o século xv aos nossos dias ele tem sido versado das mais variadas maneiras, pelos mais variados autores. Apenas cito os principais.

No século xv, historiadores como López de Ayala, Fernão Lopes, Rui de Pina.

No século xvi: Garcia de Resende no Cancioneiro Geral (1516); A. Ferreira na Castro (1587), mas já antes escrita e representada (1557); Camões no Canto III de Os Lusíadas (1572); o espanhol Jerónimo Bermúdez em Nise Lacrimosa (1577), simples decalque de a Castro de A. Ferreira, e em Nise Laureada (1577).

No século xvii: historiadores como Duarte Nunes de Leão e Faria e Sousa; Mateus Pinheiro em Corona trágica de D. Inês de Castro (1621); D. Francisco Manuel de Melo em Sonetos a la muerte de D. Inês de Castro; na Fénix Renascida (1716), também é celebrada a morte de Inês.

No século xviii o francês Houdar de La Motte, em Inês de Castro (1723), com repercussão europeia; Manuel de Figuei-redo em Inês de Castro (1774); Domingos dos Reis Quita com a Castro (1781); sobre o tema escreveram ainda, António Ribeiro dos Santos, Curvo Semedo, Bocage, Manuel José de Paiva (este parodisticamente).

51

No Romantismo e no século xx: João Baptista Gomes em Nova Castro (1803), com várias edições; Herculano e Oliveira Martins repuseram os factos históricos; Henrique Lopes de Mendonça em A Morta (1891); Marcelino Mesquita em Pedro o Cruel; António Patrício em Pedro o Cru (1918); Maximiliano de Azevedo em Inês de Castro (1894), José de Sousa Monteiro em D. Pedro (1903); Eugénio de Castro em Constança (1900); Antero de Figueiredo em D. Pedro e D. Inês (1913); Afonso Lopes Vieira em A Paixão de Pedro o Cru (1903).

Percorrendo estas obras, sem falar da iconografia, ballets, óperas, e romances de cordel, poderá fazer-se uma leitura das mentalidades das várias épocas, sob o aspecto específico dos valores da expressão literária e dos valores expressos. Por outra parte, este percurso permite-nos abarcar o valor, de leitura, de imitação, de sugestão que A Castro assumiu ao longo dos tempos.

Queluz, Setembro de 1989
SILVÉRIO AUGUSTO BENEDITO

BIBLIOGRAFIA CONSULTADA

António Ferreira, *Castro*, Intr., notas e gloss. de F. Costa Marques, Atlântida, 4.ª ed., Coimbra, 1974.

António Ferreira, *Poemas Lusitanos*, Notícia... selecção e anot. de F. Costa Marques, Atlântida, Coimbra, 1973.

António Ferreira, *Poemas Lusitanos*, com pref. e notas do Prof. Marques Braga, 2 vols., Livraria Sá da Costa Editora, Lisboa (Vol. I, 2.ª ed. 1957, vol. II, 2.ª ed., 1953).

Benedito, Silvério, Introdução a *Os Lusíadas*, «Biblioteca Ulisseia de Autores Portugueses», Edit. Ulisseia, Lisboa, 1988.

Curtius, E. R., *La littérature européenne et le Moyen-Âge latin*, 2 vols., P. U. F., 1956.

Dicionário da História de Portugal, dirigido por Joel Serrão, 4 vols., Iniciativas Editoriais, Lisboa, 1971.

Dicionário da Literatura, dir. de J. Prado Coelho, 3 vols. Figueirinhas, Porto, 1973.

Grimal, Pierre, *Dictionnaire de la Mythologie Grecque et Romaine*, P. U. F., Paris, 1969.

Horácio, *Arte Poética*, Introdução, trad. e comentário de R. M. Rosado Fernandes, Editorial Inquérito, Lisboa, 1984.

Marques, A. H. de Oliveira, *História de Portugal*, Palas Editores, Lisboa, 4.ª ed., 1974.

Pereira, M. Helena Rocha, *Temas clássicos na Poesia Portuguesa*, Editorial Verbo, Lisboa, 1972.

Saraiva, António José e Óscar Lopes, *História da Literatura Portuguesa*, Porto Editora, 9.ª ed., Porto, 1976.

Silva, Victor M. de Aguiar e, *Teoria da Literatura*, Livraria Almedina, Coimbra, 4.ª ed., 1982.

Outra bibliografia (sucinta)

Picchio, Luciana Stegagno, *História do Teatro Português*, Lisboa, 1969.

Pimpão, A. Costa, *História da Literatura Portuguesa*, 2.º vol. (séc. xvi), Coimbra.

Roig, André, *António Ferreira, Études sur sa vie et son oeuvre*, Paris, 1970.

Sena, Jorge de, *Estudos de História e de Cultura*, 1.ª série, sep. de «Ocidente», 1967.

POEMAS LUSITANOS

SONETOS

1.

Livro, se luz desejas, mal te enganas.
Quanto melhor será dentro em teu muro
Quieto, e humilde estar, inda que escuro,
Onde ninguém t'impece, a ninguém danas!

5 Sujeitas sempre ao tempo obras humanas
Coa novidade aprazem; logo em duro
Ódio e desprezo ficam: ama o seguro
Silêncio, fuge o povo, e mãos profanas.

Ah! não te posso ter! deixa ir comprindo
10 Primeiro tua idade; quem te move
Te defenda do tempo, e de seus danos.

Dirás que a pesar meu fostes fugindo,
Reinando Sebastião, Rei de quatro anos:
Ano cinquenta e sete: eu vinte e nove.

slow   perfection

1 Reflecte o desejo de um trabalho moroso de aperfeiçoamento, uma fuga
aos leitores «profanos», um desejo de perpetuação. Toma como destinatário o «Livro», situando-se no tempo.
1 — *Livro:* um conjunto de poemas; *mal:* muito. 4 — *impece:* incomoda,
prejudica. 5 — Sentido do tempo e da mudança. 8 — *Odi profanum
vulgus* de Horácio. Povo, no autor, significa pessoas incapazes de ascen-
der ao mundo do espírito. 10 — *quem te move:* quem faz com que sejas
publicado. 13-14 — 1557: D. Sebastião nasceu em 1554; António Ferreira
em 1528.

2.

Dos mais fermosos olhos, mais fermoso
Rosto, que entre nós há, do mais divino
Lume, mais branca neve, ouro mais fino,
Mais doce fala, riso mais gracioso:

5 Dum Angélico ar, de um amoroso
Meneio, de um esprito peregrino
Se acendeu em mim o fogo, de que indino
Me sinto, e tanto mais assi ditoso.

Não cabe em mim tal bem-aventurança.
10 É pouco ũa alma só, pouco ũa vida,
Quem tivesse que dar mais a tal fogo!

Contente a alma dos olhos água lança
Pelo em si mais deter, mas é vencida
Do doce ardor, que não obedece a rogo.

3.

15 S'erra minh'alma, em contemplar-vos tanto,
E estes meus olhos tristes, em vos ver,
S'erra meu amor grande, em não querer
Crer que outra cousa há aí de mor espanto,

---

2 Petrarquismo: beleza da mulher e efeitos sobre o sujeito enunciador presente.
1-6 — Descrição idealizada da mulher. 5 — *Angélico:* relativo a qualidades intelectuais, morais e físicas; *ar:* aspecto. 7 — *fogo:* amor. 12-14 — Vivências antitéticas do emissor.

3 Refere-se a amores juvenis de Ferreira, dedicados a Jerónima Serra. Complexidade do sujeito enunciador e expressão adequada.
15 — *S'erra:* a repetição, sem dúvida intencional, lembra Petrarca em «*L'aura celeste*», «*L'aura gentil*», etc.

S'erra meu esprito, em levantar seu canto
Em vós, e em vosso nome só escrever,
S'erra minha vida, em assi viver
Por vós continuamente em dor, e pranto,

5 S'erra minha esperança, em se enganar
Já tantas vezes, e assi enganada
Tornar-se a seus enganos conhecidos,

S'erra meu bom desejo, em confiar
Que algu'hora serão meus males cridos,
10 Vós em meus erros só sereis culpada.

4.

Quando entoar começo com voz branda
Vosso nome de amor, doce, e suave,
A terra, o mar, vento, água, flor, folha, ave
Ao brando som se alegra, move, e abranda.

15 Nem nuvem cobre o céu, nem na gente anda
Trabalhoso cuidado, ou peso grave,
Nova cor toma o Sol, ou se erga, ou lave
No claro Tejo, e nova luz nos manda.

---

4 Imagina-se ver Ferreira junto ao Tejo, «contando que ao balbuciar o
nome querido lhe parece que, por misterioso influxo, a natureza se
abranda, se aclara, se melhora; e que só a sua alma se entristece com a
negra saudade que o oprime», Júlio de Castilho.

Tudo se ri, se alegra, e reverdece.
Todo mundo parece que renova.
Nem há triste planeta, ou dura sorte.

A minh'alma só chora, e se entristece,
5 Maravilha de Amor cruel, e nova!
O que a todos traz vida, a mim traz morte.

5.

Se meu desejo só é sempre ver-vos,
Que causará, senhora, que em vos vendo
Assi me encolho logo, e arrependo,
10 Que folgaria então poder esquecer-vos?

Se minha glória só é sempre ter-vos
No pensamento meu, porque em querendo
Cuidar em vós, se vai entristecendo?
Nem ousa meu esprito em si deter-vos?

15 Se por vós só a vida estimo, e quero,
Como por vós a morte só desejo?
Quem achará em tais contrários meio?

Não sei entender o que em mim mesmo vejo.
Mas que tudo é amor, entendo, e creio,
20 E no que entendo, e creio, nisso espero.

5 — Contraste usual nos renascentistas italianos.
5 Estados contraditórios provocados pelo amor.
11 — *glória:* felicidade.

6.

Quando vos vi, senhora, vi tão alto
Estar meu bem, que logo ali em vos vendo,
O achei juntamente, e fui perdendo,
Ficando num momento rico, e falto.

5 E tal foi de vos ver o sobressalto,
Que os olhos outra vez a vós erguendo,
Senti a vista e esprito ir falecendo,
Quando me olhei, e vi posto tão alto.

Ficou de sua prisão a alma tão leda,
10 E os olhos de vos verem tão soberbos,
Que toda outra cousa desprezaram.

Não os tenho já mais, que para ver-vos.
Tudo mais lhes defende Amor, e veda.
E eles que al verão, pois vos olharam?

7.

15 Os dias conto, e cada hora, e momento,
Que alongando-me vou dos meus amores,
Nas árvores, nas pedras, ervas, flores,
Parece que acho mágoa, e sentimento.

---

6 Efeitos da presença da mulher no «amador». Influência provençal e petrarquista. Texto subjectivo: presença do eu.
7 — *falecendo:* faltando, enfraquecendo. 9 — *prisão:* servidão amorosa.
13 — *defende:* proíbe. 14 — *al:* outra coisa.
7 A ausência da amada.
17 e cinco versos seguintes — Personificações renascentistas.

As aves, que no ar voam, o Sol, e o vento,
Montes, rios, e gados, e pastores,
As estradas, e os campos mostram as dores
Da minha saudade, e apartamento.

5 E quanto me era lá doce, e suave
Mais triste, e duro Amor cá mo apresenta,
A que entreguei da minha vida a chave.

Em lágrimas força é que as faces lave,
Ou que não sinta a dor, que na tormenta
10 Memória da bonança faz mais grave.

8.

Aqueles olhos, que eu deixei chorando,
Cujas fermosas lágrimas bebia
Amor, com as suas tendo companhia,
Ante os meus se me vão representando.

15 Os saudosos suspiros, que arrancando
Duas almas, em que ũa troca Amor fazia,
Que a que ficava, era a que partia,
E a que ia, a ficava acompanhando,

7 — Frase petrarquista. 8-10 — Enunciado de sabor dantesco: a lembrança dos momentos felizes torna a infelicidade mais sentida.
8 Notável soneto petrarquista. A dor da separação: partida-chegada.
14 — *Ante:* diante de.

Aquelas brandas, mal pronunciadas
Palavras da saudosa despedida
Entre lágrimas rotas, e quebradas,

E aquelas alegrias esperadas
5 Da boa tornada, já antes da partida,
Vivas as trago, não representadas.

9.

Ó alma pura, em quanto cá vivias,
Alma lá onde vives já mais pura,
Porque me desprezaste? quem tão dura
10 Te tornou ao amor, que me devias?

Isto era, o que mil vezes prometias,
Em que minh'alma estava tão segura,
Que ambos juntos ũa hora desta escura
Noite nos subiria aos claros dias?

15 Como em tão triste cárcere me deixaste?
Como pude eu sem mim deixar partir-te?
Como vive este corpo sem sua alma?

Ah! que o caminho tu bem mo mostraste,
Porque correste à gloriosa palma!
20 Triste de quem não mereceu seguir-te!

5 — *tornada:* regresso.
9 É chorada a morte da esposa, Maria Pimentel. «É este talvez o mais belo
de todos os sonetos do autor; é altíssima poesia, de qualquer modo que se
considere», Júlio de Castilho. Sentido platonizante: vida na terra assimilada a «cárcere», vida *post-mortem* (transcendente) correspondente a
«claros dias».
11— *mil:* inúmeras. 12 — *segura:* confiada.

10.

Despojo triste, corpo mal nascido,
Escura prisão minha, e peso grave,
Quando rota a cadeia, e volta a chave
Me verei de ti solto, e bem remido?

5 Quando co esprito pronto, aos Céus erguido,
(Depois que esta alma em lágrimas bem lave)
Batendo as asas, como ligeira ave,
Irei aos Céus buscar meu bem perdido?

Triste sombra mortal, e vã figura
10 Do que já fui ũs dias só sustida
Daquele esprito, por quem cá vivia,

Quem te detém nesta prisão tão dura?
Não viste a clara luz, a santa guia
Que te lá chama à verdadeira vida?

11.

15 Com que mágoa (ó Amor) com que tristeza
Viste cerrar aqueles tão fermosos
Olhos, onde vivias, poderosos
De abrandar com sua vista a mor dureza!

10 Ainda à morte de Maria Pimentel. Ideias platónicas que influenciaram
Roma e o cristianismo e, através dele, toda a cultura europeia.
2 — *prisão:* corpo. 3 — *volta:* volvida. 3-4 — Quando morrerei?
11 Ainda à morte de Maria Pimentel. O «amador» no «Aquém», a amada
no «Além» (Céus).
18 — *mor:* maior.

Roubada nos é já nossa riqueza,
Nossos cantos serão versos chorosos,
E suspiros tristíssimos, queixosos
Da morte, que nos pôs em tal pobreza.

5 Eu perdi o meu bem: tu, Amor, tua glória.
Eu o meu Sol: e tu teu doce fogo
Honesto, e santo ao Mundo, raro exemplo.

Mas viva será sempre a alta memória
Daquela, que nos Céus viva contemplo,
10 A quem humilde peço ouça meu rogo.

12.

Rei bem-venturado, este é o dia,
Que catorze anos há, que o Mundo espera
Desde o teu Tejo, à Oriental esfera,
E da Zona torrada, à Zona fria;

15 Quando outra nova luz, nova alegria,
Qual no teu nascimento o Sol já dera,
Veremos na dourada, e ditosa era,
Da tua tão esperada Monarquia.

4 — *pobreza:* infelicidade.
12 Soneto dedicado a D. Sebastião. Referente épico: ideias em grande parte
expressas na proposição de *Os Lusíadas* (I, 6-8), «E vós [...] / e não menos certíssima esperança / De aumento da pequena Cristandade». Seria
produtiva a sua relacionação.

Benigno o Céu te está, obediente a terra,
Abraçam-se entre si Justiça, e Paz,
Que a ti, buscando abrigo, vem fugindo.

Erguendo a Cristã Fé, que fraca jaz,
5 Aos teus igual justiça repartindo,
Terás sempre paz santa, ou santa guerra.

13.

Onde me esconderei, Senhor, de ti?
Teme-te esta alma recebida em vão.
Estes meus olhos como te verão,
10 Pois meu triste pecado te pôs hi?

Oh Senhor piadoso que não vi,
Nem vejo inda atégora, estende a mão,
Dá-me a estes olhos luz, e um coração
De carne, que de pedra foi té qui.

15 Ovelha sou, Senhor, que ando perdida,
Ingrato filho fui, que mal gastei
Os talentos da graça que me deste;

Mas se me tu buscares, tornarei.
Busca-me com tua graça, pois quiseste
20 Morrer assi na Cruz por dar-me vida.

6 — *santa guerra:* contra os Turcos na Europa, os Muçulmanos e pagãos
na África e Índia.
13 O soneto sugere sentimentos religiosos já românticos *(avant la lettre),*
nomeadamente os expressos por Alexandre Herculano.
10 — *hi:* aí, nessa cruz. 14 — *té qui:* até aqui.

66

EPIGRAMAS

14.

A JERÓNIMO CORTE-REAL

Quem pode, grã Jerónimo, louvar-te
Dos raros dões, que em ti os Céus juntaram?
No pincel vences natureza e arte,
Na lira quantos a melhor tocaram:
5 Na forte espada representas Marte,
Nos brandos versos poucos te igualaram:
Até no claro sangue e gentileza
Fortuna, e Céus roubaste, e natureza.

15.

FERMOSURA

Ao Touro cornos, unhas ao Leão,
10 Voar à Águia, ao Cervo ligeireza,
E a todas as mais Feras quantas são,
Deu sua arma, e sua força a Natureza.
Ao homem deu esforço, e boa razão:
Não tem que dar à feminil fraqueza.
15 Pois que lhe deu? ah deu-lhe fermosura,
Arma que ferro e fogo inda mais dura.

14 Epigrama é uma pequena composição de conteúdo variado: humorístico, moral, laudatório, etc. J. Corte-Real era fidalgo, militar, poeta, pintor e talvez músico. Entre outras obras, escreveu os poemas épicos *Segundo Cerco de Diu, Naufrágio de Sepúlveda*. O referente do texto é de carácter épico.
1 — *grã:* grande. 2 — *dões:* dons. 3 — *pincel:* na pintura. 4 — *lira:* na música. 5 — Comparação renascentista: combatente audaz. 7 — *claro sangue:* fidalguia.
15 Epigrama baseado todo ele num longo símile. São apresentadas e enumeradas afirmações cujo conteúdo é bem e concretamente conhecido (termo comparante), para fazer ressaltar, com evidência, a formosura como arma da mulher.
14 — *feminil:* feminina. 16 — Sintaxe alatinada.

16.

Fuja daqui o odioso
Profano vulgo, eu canto
As brandas Musas, a uns espritos dados
Dos Céus ao novo canto
5 Heróico, e generoso
Nunca ouvido dos nossos bons passados.
Neste sejam cantados
Altos Reis, altos feitos,
Costume-se este ar nosso à Lira nova.
10 Acendei vossos peitos,
Engenhos bem criados.
Do fogo, que o Mundo outra vez renova.
Cada um faça alta prova
De seu esprito em tantas
15 Portugueses conquistas, e vitórias,
De que ledo te espantas
Oceano, e dás por nova
Do Mundo ao mesmo Mundo altas histórias.
Renova mil memórias
20 Língua aos teus esquecida,
Ou por falta de amor ou falta de arte,
Sê para sempre lida
Nas Portuguesas glórias,
Que em ti a Apolo honra darão, e a Marte.
25 A mim pequena parte

16 1-2 — É o *odi profanum vulgus* de Horácio. 2-6 — Parece querer afirmar-se como o introdutor da ode em Portugal. 13-24 — Incitação à escrita de uma epopeia, à defesa e culto da língua portuguesa.

Cabe inda do alto lume
Igual ao canto, o brando Amor só sigo
Levado do costume.
Mas inda em alguma parte,
5 Ah Ferreira, dirão, da língua amigo!

17.

AOS REIS CRISTÃOS

Onde, onde assi cruéis
Correis tão furiosos
Não contra os infiéis
Bárbaros poderosos
10 Turcos de nossos roubos gloriosos?
Não para a mal perdida
Cabeça do Oriente
Nos ser restituída
Tão pia, e cristãmente,
15 Roubo a vós feio, e rico à Turca gente,
Não para a Casa Santa,
Santa Terra pisada
Dos infiéis com tanta
Afronta vossa, armada
20 A mão vos vejo, nem bandeira alçada.
Nem para em fogo arder
Desde chão té as ameias
Meca, e Cairo; e se ver
Trazido em mil cadeias
25 Em triunfo o seu Rei com nossas preias.
Ah cegos, contra vós

4-5 — Realmente, António Ferreira ficou como o grande impulsionador e arauto da língua portuguesa.
17 Ode dirigida aos reis Carlos V e Francisco I. Outro tema que ressaltará em *Os Lusíadas* (VII, 2-15): o autor elogia o espírito de cruzada e invectiva as nações cristãs que não seguem o exemplo português e até se guerreiam entre si.
12 — *Cabeça do Oriente:* Jerusalém. 16 — *Casa Santa:* Jerusalém. 25 — *preias:* presas.

Vos leva cruel furor!
Ah que fartando em nós,
E em vosso sangue o ardor,
Que o inimigo tem fazei-lo vencedor.
5 Vós armas, vós lhe dais
Ao covarde ousadia,
Em quanto vos matais,
Eis Rodes, eis Hungria
Em sangue, em fogo, em nova tirania.
10 Paz santa dos Céus dada
Por via só, e bem nosso
Como tão desprezada
Deste justo ódio vosso
Reis Cristãos, té cruéis chamar-vos posso.
15 Nunca se viu fereza
A esta, que usais igual,
Armados de crueza
Um ao outro animal
Da mesma natureza não faz mal.
20 Tornai, tornai, ó Reis
À paz, tende-vos ora,
Olhai-vos, e vereis
Com quanta razão chora
A Cristandade a paz que lançais fora.

7 — Guerras entre Carlos V e Francisco I. 20-21 — Deixai de vos comba-
ter.

18.

A UMA NAU DA ARMADA,
EM QUE IA SEU IRMÃO GARCIA FRÓIS

Assi a poderosa
Deusa de Chipre, e os dois irmãos de Helena,
Claras estrelas, e o Rei dos ventos,
Segura Nau, e ditosa,
5 Te levem, e tragam sempre com pequena
Tardança aos olhos, que te esperam atentos;
Que meu irmão, metade
Da minha alma, que como encomendado
A ti deves, nos tornes vivo, e são
10 Do fogo a tempestade,
A que se aventurou co esprito ousado,
Vença, à dura fortuna, a boa tenção.
Quem cometeu primeiro
Ao bravo mar num fraco pau a vida,
15 De duro enzinho, ou tresdobrado ferro
Tinha o peito, ou ligeiro
Juízo, ou sua alma lhe era aborrecida
Digno de morte cruel no seu mesmo erro.
Esprito furioso
20 Que não temeu o pego alto revolvido
(Entregue aos ventos, posto todo em sorte)
Do sempre tempestoso
Áfrico, nem os vaus cegos, e o temido
Scila lá infamado já com tanta morte!
25 A que mal houve medo
Quem os monstros no mar, que vão nadando,
Com secos olhos viu? quem o céu coberto

---

18 Referência a eventos concretos coetâneos. Uso da mitologia como forma de expressão. Tema da ambição e desmesura humanas, que estará presente no episódio do Velho do Restelo (*Os Lusíadas,* IV, 94-104): comparando o tema presente nos dois autores, ver-se-ão vários subtemas comuns.
2 — Vénus, Castor e Pólux (os dois Dióscuros). 3 — *Rei dos ventos:* Eolo. 13 — *cometeu:* confiou. 14 — *pau:* barco. 20 — *pego alto:* mar profundo. 23 — *Áfrico:* vento sudoeste entre os Romanos. 24 — *Scila:* escolho, tristemente célebre, no estreito de Messina.

De triste noite, e quedo
Sem defensão, co corpo esperando
Está a morte cruel, que tem tão perto?
Se Deus assi apartou
5 Com suma providência o mar da terra,
Que a nós os homens deu por natureza,
Como houve homem que ousou
Que à paz e à morte mais roubo, e crueza?
Abrir por mar caminho mais à guerra
10 Que cousas não cometes,
Ousado esprito humano em mar, e em fogo
Contra ti só diligente, e engenhoso?
Que já te não prometes,
Des que o medo perdeste à morte, e em jogo
15 Tens o que de si foi sempre espantoso?
Um o Céu cometeu
Outro o ar vão exprimentou com penas
Não dadas a homem: outro o mar reparte,
Que por força rompeu.
20 Senhor, que tudo vês, que tudo ordenas,
Para ti só chegamos dá-nos arte.

19.

A D. ANTÓNIO DE VASCONCELOS

Té quando assi, cruel, o peito duro,
Das nove irmãs morada
Cerrarás, como ingrato ao dom divino?
25 Té quando assi negada
Do liquor doce, e puro

19 Nesta ode, de relevar: o dom e inspiração poéticas, o canto épico, o canto bucólico.
22 — *Té:* até. 23 — As Musas. 26 — *liquor:* água das fontes de Aganipe e Hipocrene, que favoreciam a inspiração poética.

Nos será a cópia, e parte igual devida
Do lume de que tu foste assi digno?
Não te foi dada a vida,
Não esse esprito aceso em alto fogo
5 Para ti só; nosso é, o nosso queremos.
Vença já o justo rogo
À dura força, António, e restituída
Nos seja parte já do que em ti temos.
Eu digo o canto teu, eu digo a lira,
10 Que te dá o louro Apolo,
Para honra sua e para glória nossa,
Que dum ao outro pólo
Soará, já te inspira
Novo furor: ah solta o doce canto,
15 Contra o qual nunca inveja, ou tempo possa.
Tardas, cruel, e em tanto
Altos Reis, altas armas perdem nome.
Escruece-se o Amor, quem há que o abrande?
Quem há que a cargo tome
20 As vitórias de fama, e eterno espanto
Dos Reis passados, quais Deus sempre mande?
Altas vitórias, em que tanta parte
Têm ainda os tão chegados
Teus avós ao Real sangue, às altas Quinas,
25 De louro coroados
Por mão do bravo Marte;
Ah porque lhes serão por ti negadas
As altas Rimas de seus nomes dignas?
As bandeiras tomadas
30 A Reis vencidos em tão justas guerras,
Aquelas fortes mãos, que coroavam
Reis grandes em suas terras

---

2 — *lume:* inspiração. 10 — *Apolo:* deus da medicina, da poesia, da música, das artes. 14 a 7 da pág. seg. — Incitação ao canto épico dos feitos portugueses.

Por ferro e fogo de tão longe entradas
A ti seu sangue já se encomendavam.
Mas em quanto tua sorte te não chama
Das armas à dureza,
5 (Inda tempo virá) com as Musas paga
À antiga fortaleza
Dos teus; à imortal fama
Que por exemplo ao Mundo sempre viva
Contra a morte cruel, que tudo apaga;
10 Outrora a chama viva,
Que o cego moço, onde quer, acende,
Com teus suaves versos nos abranda.
E a que nos tanto ofende
Cruel aljaba sua lhe cativa.
15 Isto te pede Apolo, isto te manda.
Em quanto a leda, e a branda idade dura
Com seus lírios, e flores,
Com a cor viva, com o fogo inteiro,
E em quanto dos amores
20 Reina doce brandura
Livre da neve, que seu fogo esfria,
E torna o ledo Abril, triste Janeiro,
Ao som da fonte fria,
À doce sombra do alto pinho, ou faia,
25 Soe na branca cana a branda Flora,
Ponha-se o Sol, ou saia,
Não cesse o canto, que já mágoa cria
No duro Amor, que já de brando chora.

---

11 — *moço:* Cupido. Era representado como uma criança, com ou sem asas, com setas para ferir os corações. 25 — Ouça-se o canto da flauta de Flora.

20.

A PÊRO DE ANDRADE CAMINHA

Fogem, fogem ligeiros
Nossos dias, e anos,
Andrade; que bem vive? que mal dura?
O que foi dos primeiros
5 Será dos derradeiros.
Iguais aos bens os danos
Todos vão dar em triste sepultura.
Torna nova verdura,
Torna Verão, e Inverno.
10 Claro após chuva o Sol, pós noite o dia.
Ah nossa lei tão dura!
Depois da noite escura
Do mortal sono eterno
Já mais torna esta luz, que a vida via.
15 Triste quem se confia
Em cegas esperanças,
Que no mor nosso bem nos desenganam.
Quem nome de alegrias
Cá achou, como sabia
20 Haver medo às mudanças?
Cruéis, que tanto podem, tanto danam!
A fonte, donde manam
De nosso erro os perigos,
Que é, senão próprio amor mal conselhado?
25 Desejos vãos, que enganam,
E a pura alma profanam,
E entregam a seus imigos,
Donde tarde vem ser seu mal chorado.

20 O poeta expõe a Pêro de Andrade Caminha, quando da morte do irmão,
as suas ideias sobre a fugacidade do tempo, os sonhos vãos dos homens, o
desaparecimento de impérios, o louvor do que é eterno.
1-10 — Fugacidade do tempo: tema permanente na poesia desde Anacre-
onte, Horácio, Virgílio, Petrarca, Camões, etc. 8-10 — A Natureza reno-
va-se. 11-14 — A morte é para os homens um fim sem retorno. 17 — *mor*:
maior.

Quanto Mundo é passado!
Soberbas Monarquias
De Ásia, de Grécia, e Roma impérios tantos,
Que o Mundo sogigado
5 Tinham, como forçado,
Vês em quão poucos dias
Caíram suas grandezas? seus espantos?
Que ficam, senão prantos,
E saudades tristes
10 Daquelas cousas grandes, que acabaram?
Quantos triunfos, quantos
Ledos e doces cantos
Passados tempos vistes,
Que? senão mágoa, e espanto nos deixaram?
15 Ai quanto em vão choraram
Após a dura morte
Tão pouco há nossos olhos saudosos!
Quanto bem nos roubaram!
Mas que choros bastaram
20 Mudar a dura sorte
Dos cruéis fados, tristes, invejosos?
Espritos gloriosos
Que desta baixa terra
Fostes morar aos Céus em clara alteza;
25 Ditosos vós, ditosos,
Que já vitoriosos
De tão mísera guerra
Despistes esta nossa vil baixeza.
Cesse pois a tristeza,
30 Cesse já a saudade
Baixa, alça o esprito aos Céus, para que vejas
Com que nova grandeza

---

4 — *sogigado:* subjugado. 21 — *fados:* personificação do destino segundo a concepção greco-latina. 28 — Abandonastes a condição terrena.

Vestida a fortaleza
Já da imortalidade
De teu irmão está, que em vão desejas.

21.

A AFONSO VAZ DE CAMINHA
NA ÍNDIA

Já generoso Afonso, já chegaste
5 Àquela parte, a que de cá fugia
Teu alto esprito, após a luz, que via
De alta virtude, que tu tanto amaste,
Favorável o Céu, mar, vento achaste;
Teu peito sempre igual, e sempre inteiro,
10 Posto no verdadeiro
Caminho de alta glória, e de alta fama
Vejo arder todo em gloriosa chama.
Vai ao esprito, vai co esprito ousado
Onde te chama a duvidosa sorte.
15 Triunfa da fortuna, e rouba à morte
O nome, que dos céus te será dado.
De santo zelo, e santa força armado
Pondo os olhos no Céu, mãos nos imigos,
Que medos, que perigos
20 Contra ti poderão? olha o bom pai,
Que teu braço, e teu pé guiando vai.
Onde os olhos porás que os gloriosos
Sinais do seu sangue inda não vás vendo?
Que terra irás pisando, ou mar correndo,
25 Que os fortes braços vissem ociosos?
Entre os feitos, e nomes lá famosos

21 A ode é dedicada ao irmão de Pêro de Andrade Caminha. Referente
épico: o caminho da glória, imitação do valor dos antepassados, valor das
acções maior que o da ascendência, virtudes estóico-cristãs.
5 — A Índia.

O animoso João verás escrito
Com aquele vivo esprito,
Com que o teu te arma, e anima, e coa luz clara
Do Céu, onde está, teu bom caminho aclara.
5 «Aprende (diz) de mim, filho, a virtude,
E os honrosos trabalhos de alta glória,
E do teu claro sangue assi a memória
Conserva, que a não gaste o tempo, ou mude.
A poderosa mão de Deus ajude
10 A tua, como a minha nessa idade,
Com que pela verdade
Da santa Fé, de sangue, e pó coberto
Sejas medo ao imigo ao longe, e ao perto.»
Isto te diz teu pai: tu ouve, e guarda
15 Nesse ânimo constante, ó bem nascido!
Mas eis te vejo arder co esprito erguido
Assi ao trabalho, que já crês, que tarda.
Ah vence esse alvoroço, e o tempo aguarda
Da boa ocasião às vezes dana
20 O muito esforço, e engana
Confiado nas forças a esperança,
Que seguida se quer com temperança
Ajuda Deus a boa fortaleza
De conselho, e razão acompanhada:
25 A força sobre si alevantada
Despreza irado, e torna em vil fraqueza.
Ousou tentar a baixa natureza
Os altos Céus: eis torres, eis Gigantes
Tão espantosos dantes
30 Servidos num momento, e a mesma terra,
Sobre quem assi se alçavam, em si os enterra.
Do espantoso Tigre, e do Leão

1 — Pai de Afonso Vaz. 5 - *virtude:* o sentido romano de valor, merecimento. 11-12 — Motivação religiosa. 23-26 — Ideia estóico-cristã. 27-28
— Os Gigantes que procuraram escalar o céu.

As grandes forças vence a manha, e arte,
Não davam sempre as forças ao grã Marte
Vitórias, nem o ardor do coração.
Próprias armas dos homens são razão.
5 Sirvam os membros ao corpo, ele à prudência.
Assi fundada, e ao Capitão devida
A santa obediência
Será do alto Céu favorecida.
Vença o conselho à força, e o bem desejo
10 Da doce fama obedeça à justiça,
E ante a lustrosa honra, a vil cobiça
Fuja, de tudo bem desvio, e pejo.
Mas em que me detenho? eu não te vejo,
Ó meu Caminha, firme em tua carreira
15 Correr à verdadeira
Estrada, que te vai teu esprito abrindo,
Teus bons avós, e teu bom pai seguindo?

4-12 — Virtudes estóico-cristãs.

22.

A PÊRO DE ANDRADE CAMINHA
EM RESPOSTA DOUTRA SUA

Não tinha visto o Sol daquele dia,
Que o meu se me eclipsou, deixando escuro,
Quanto dantes alegre, e claro via.
Nem meu esprito, que no golpe duro
5 De todo me caiu, podia alçar-se:
Nem achava à sua dor lugar seguro.
Esta alma desejosa de soltar-se
Deste cárcer cruel que a tem forçada,
Tentava por si mesma desatar-se.
10 Assi lhe ficou viva, assi entalhada,
Mais que em duro metal, ou em diamante
Aquela de mim nunca assaz chorada.
Quando ũa nova luz se pôs diante
Dos meus olhos, qual vem a manhã clara,
15 Rompendo as grossas nuvens de Levante.
Eu digo aquela doce, aquela rara
Melodia do teu verso tão brando,
Cujo suave som todo ar aclara.

---

22 «É o mais sentido trecho de poesia que nos deixou o século XVI», Ca-
milo. António Ferreira, em estado de viuvez, responde a Caminha, que o
tinha tentado consolar. De notar: felicidade do amor passado, Natureza
segundo o estado de espírito do sujeito, pessimismo pela perda da mulher, valor da ajuda do amigo, idealização da mulher, superação da vontade (sentimento) pela razão, consolação pela crença religiosa.
1 — *daquele dia:* desde aquele dia. 12 — Maria Pimentel, primeira esposa do poeta.

Áquela luz fermosa olhos alçando,
Vi novo dia, e Sol, que com seu raio
A triste noite me ia afugentando.
E inda provando erguer-me, Andrade, caio,
5 Combate ao fraco esprito a dor antiga:
E como a desafio em campo saio.
Mostraste à alma estrada chã, que siga,
Conheço, amigo, minha grã fraqueza,
De todo seu remédio cruel imiga.
10 Armado tinha o peito de dureza
Contra mim mesmo, e contra a poderosa,
E comum lei da humana natureza.
Áspera sempre, e então mais rigorosa,
Quando um amor de duas almas parte,
15 Contra a que fica menos piadosa.
Andrade, que farei? que a melhor parte
De mim perdi; para sempre triste,
Que cobrá-la não val já força, ou arte!
Aquele doce fogo, em que viste
20 Contente arder soberbo do meu fado,
A que já cantos mil alçar me ouviste:
Aquele nó, que docemente atado
Me tinha em suave jugo, em prisão leda,
Tão cruelmente assi me foi cortado!
25 Quem de tão alto deu tão triste queda,
Ficando só por seu remédio a morte?
Quem suas justas lágrimas lhe veda?
E qual será um coração tão forte,
Antes bárbaro, cru, e adamantino,
30 Que golpe tão cruel não quebre, ou corte?
E pude eu ver, Marília, o teu divino
Esprito de amor todo, e de brandura

4 — *provando:* tentando. 7 — *chã:* plana. 8 — *conheço:* reconheço; *grã:* grande. 16-17 — Perdeu a esposa. 18 — *val:* consegue. 29 — *antes:* melhor. 31 — *Marília:* nome poético de Maria Pimentel.

Desemparar teu peito dele digno?
E pude eu ver aquela fermosura
Dos teus olhos, que os ares serenava,
Ficar-me assi ante os olhos cega, e escura?
5 E aquela doce voz, que me encantava,
Entre rubis formada, e perlas finas,
Que os mais furiosos ventos abrandava,
E mil outras, não humanas, mas divinas
Graças assi enterradas num momento,
10 Que de mil anos pareciam dignas?
Ah falsos bens! quem crera que eram vento
Tantas verdades, tantos bons amores
Inda de outros maiores fundamento?
Crescei mágoas cruéis, e crescei dores,
15 Quebrai o vagaroso e triste fio
Que alonga a cruel Parca em seus lavores.
Levou-me a dor, Andrade, mas confio
Que perdoarás à força do costume,
Mais poderosa, quando a contrario.
20 Vi com tua claridade novo lume,
Abriu-se o Céu todo, e ali vi escrito
Quanto teu douto verso me resume.
Alcei os olhos c'um piadoso grito,
Pequei, disse, senhor: usai piedade:
25 E desça novo esforço ao fraco esprito.
Vença a razão à tão cega vontade,
Levante um alto muro de paciência,
Deixe já as sombras vãs pela verdade.
O que o tempo obra ao longe, obre a prudência
30 Com cedo: (assi me dizes) nisso posto
Faço já a minha dor mais resistência.
Enxugo os olhos, contrafaço o rosto,

---

16 — *Parca:* divindade que desenrola o fio da vida. 30 — *com cedo:* com
brevidade.

O fogo porém dentro lavra, e arde.
Este é da minha vida o só meu gosto.
Foge-me a morte; mas por mais que tarde,
Esta alma em sua prisão sua hora espera,
5 Que pois não veio então já me vem tarde.
Quem me aquela ditosa estrela dera
Dos teus tão santos pais, que ambos ũa hora
Juntou nos Céus em mor amor do que era!
Quem se já visse onde Marília mora!
10 Lá nos Céus mais amiga, e mais fermosa:
Que outra cousa suspira esta alma, ou chora?
Inda a vejo de mim lá saudosa,
O caminho me mostra, a mão me estende,
Toda risonha, e toda graciosa.
15 E ó raio aparta, que me a vista ofende
Daquela claridade impíria, e nova,
Que olho mortal não vê cá, nem compreende.
São (me diz) santas obras certa prova
De alma, que este lugar alto deseja
20 Deixa lágrimas vãs, a alma renova.
Se me amas (amigo) o amor seja
Conservares lá bem tua vida pura
Té que o Senhor te chame, e eu te veja.
Aquela, que chamavas fermosura,
25 Foi sombra vã, tornou-se, o que era, em terra.
Outros mais altos bens de cá procura:
Aos falsos bens do Mundo os olhos cerra.

---

4 — *prisão:* corpo. 16 — *impíria:* celestial. 23 — *Té:* até. 26-27 — Procura os bens duradouros.

23.

A SANTA MARIA MADALENA

Aquela, a quem foi muito perdoado,
Porque amou muito; o peito em fogo, em água
Os olhos, a alma toda num cuidado;
Aquela santa pedra, e viva frágua
5 Do seu amor se vai, os céus, e terra
Enchendo de suspiros, e de mágoa.
Mas no piadoso zelo a tenção erra
De ungir o morto, não de esperar vivo
Quem fez com a sua à nossa morte guerra.
10 Quem com sua prisão o Mundo cativo
Libertou do poder, e tirania
Do escuro reino, e fogo sempre vivo.
O véu do templo roto, em noite o dia,
As pedras, o tremor, geral tristeza
15 Mais que homem o confessava, e descobria.
Na morte a vida estava, a honra e riqueza
Em pobreza, e infâmia: a certa glória
No mor desprezo posta, mor baixeza
Mas já os ricos despojos da vitória
20 Aos Céus levara, e abrindo a imortal vida,
Glorioso fim dera à sua história.
Já daquela luz clara, que escondida
Andava, os claros raios seus soltando,
A Santa humanidade era vestida.
25 MADALENA, que a estrada vai pisando,
Por onde à morte foi, por quem suspira,
A alma ao que os olhos vêem está só dando.
De saudade cheia, e cheia de ira,

23 Santa Maria Madalena era de Magdala; esteve possessa e Jesus expulsou dela sete demónios, tendo ela depois seguido o mestre; esteve no grupo das mulheres que acompanharam Jesus até ao calvário; assistiu à sepultura de Cristo; Jesus ressuscitado apareceu-lhe em primeiro lugar *(Evangelhos)*. A tradição a partir de S. Gregório Magno identifica-a com a pecadora anónima de *Luc.*, 7, 36-50, e com Maria Betânia, irmã de Lázaro e Marta. «Gregório a põe por ũa, outros doutores / Fazem três; após Gregório vão / Despois os mais, com todos os pintores», Sá de Miranda. O texto presente revela traços das três personagens. Foi um tema muito tratado no século XVI: Gil Vicente *(Auto da Feira, Inês Pereira, Farsa das Ciganas)*, Sá de Miranda, Jorge da Silva, etc. Nesta poesia notam-se perífrases, alusões, referências e símbolos de carácter bíblico.
1-2 – «*Remissa sunt peccata eius multa, quoniam dilexit multum*», *Luc.*, 7, 47.

Do seu amor, da cruel gente fera,
Daquela terra alma, nem boca tira.
Se por homem só o chora, que fizera
Alumiada de outro novo esprito,
5 Se quem lho deu depois, então lho dera?
Falece já água aos olhos, voz ao grito,
Arde toda em amor, arde em lembrança
Daquele, que em sua alma traz escrito.
Leva pintada a viva semelhança
10 Ante os olhos, do seu rosto fermoso,
Em que a ira depois fez cruel mudança.
Aqui descabelado, aqui choroso,
Diz, ia o meu Senhor: aqui despido
Pareceu ante todos lastimoso,
15 Co peso da grã Cruz aqui caído,
De seu sangue, suor e pó coberto,
Aqui entre dois ladrões nela estendido.
Co esprito quebrado, o peito aberto,
Ora cai MADALENA, ora esmorece,
20 Chega ao sepulcro, Sol já descoberto.
Busca o lugar, a pedra reconhece,
Quem a revolverá? eis torna ao pranto.
Mas à santa tenção Deus não falece,
Eis a pedra revolta, eis novo espanto:
25 De neve, e Sol vestido um Anjo claro
Está sentado no sepulcro santo.
Diz-lhe que ressurgiu seu doce, e caro
Senhor, e com alma leda vai correndo
Consolar do bom PEDRO o desemparo.
30 Ei-la torna com ele, e inda não crendo
Tamanho bem, só fica no moimento
Em vivo fogo os olhos desfazendo.

31 — *moimento:* sepulcro.

85

Ah MARIA, levanta o pensamento.
Porque entre os mortos buscas quem a vida
À terra trouxe, e tem no Céu o assento!
Aquela piedade concedida
5 Tão larga a teus errores, como agora
Parece que é de ti mal entendida?
Quem teu Lázaro morto chamou fora
Da sepultura, já de quatro dias,
Como tua pouca fé por só homem chora?
10 A quantos olhos luz, a quantos vias
Dar mãos, e pés, e línguas, que cantando
Dele iam altas grandezas, que tu crias?
O unguento, que estavas derramando
Sobre a sua cabeça, não mostrava
15 Que em vivo já o estavas sepultando?
Já àquela grã carreira, que esperava,
Correu com grã vitória o grã Gigante,
Já o templo restaurou, que derribava.
Vencedor glorioso, e triunfante,
20 A túnica deixando dada em sorte,
Se vestiu de outra nova de diamante.
Já o vendido José, já o Sansão forte
Preso, o grã Jonas na Baleia metido,
É livre, as portas quebra, mata a morte.
25 Como manso Cordeiro oferecido
Por si à morte, como grã Leão
Vence o tribo de Judá prometido.
O sudário, e despojos, que aí vês, dão
Claro sinal, que como verdadeiro
30 Deus se ergueu Deus, o teu temor é vão.
E a Galileia, disse, que primeiro
Iria ter que os seus: da mão direita

2-3 — Referência à Ressurreição de Cristo. 5 — *errores:* pecados.
17 — *grã Gigante:* simbolização de Cristo pelos gigantes da mitologia.
22-27 — Simbologia bíblica.

Do pai vira no dia derradeiro.
Piedoso Senhor, de amor sujeita,
Inda que baixo amor, se engana, e cega
MARIA, mais não vê, mais não suspeita.
5 Inda cos cravos teus sua alma prega.
Representa-lhe a dor, e saudade
A humana vista, a mais alta lhe nega.
Mas tu também movido de piedade
Das lágrimas, que em ti não são perdidas,
10 Lhe enche, do que deseja, sua vontade.
Não podem, grã Senhor, ser compreendidas
Tuas grandezas, entendê-las-á
Por ti, Deus, logo dela serão cridas.
Chorando no moimento por ti está:
15 Mandas teus Anjos, tu também pareces.
Quanto alcança de ti quem se te dá!
Ah MARIA, quem amas, não conheces?
Esse é o grande hortelão, o que planta a vinha,
Em que tu teu jornal também mereces.
20 Tal forma à tua fraca fé convinha,
À vista se te encobre, à voz se aclara,
À voz, que em ti tão branda força tinha.
Aquela fermosura aos Céus tão cara
Não a podes tocar té de luz nova
25 Teres a vista, e alma inda mais clara.
Em teu esprito a antiga fé renova.
Este é o que antes soías Deus chamar,
Torna a seus irmãos já co'alegre nova.
Ditosa, que primeiro a podes dar:
30 Por ti sua divindade se apregoa,
A eles a humanidade quis mostrar.
Ditosa, que tão alta, e grã coroa

De glória mereceste! há grande amor
Que a tanto chega, a tanto sobe, e voa!
Gloriosa MARIA, esse fervor,
Em que tua alma ardia, a grã corrente,
5 Em que a lavaste para o grã Senhor,
Inflama, e abrande a fria, e dura gente.

24.

ARQUIGAMIA
[*Extractos*]

Castílio. Serrano

No tempo, que o cruel, e furioso
Imigo dos Pastores, e dos gados,
Da terra, e das sementes belicoso
Marte, segundo contam, por pecados
5 Do Mundo, contra o Mundo tão iroso
Desceu, que té os lugares mais sagrados
Assi com ferro e fogo cometeu,
Que tudo de ira, cinza, e sangue encheu:
Nas derradeiras partes do Ocidente,
10 Onde o Sol de cansado se refaz
De nova luz, para a tornar à gente
Donde se parte, que às escuras jaz,
E pela que ali deixa, outra excelente
Leva, e muito mais clara da que traz,
15 O pacífico João, e piedoso
Reinava então, no Mundo glorioso.

---

24 *Arquigamia:* nobre casamento. O poeta celebra o casamento do príncipe
D. João, filho de D. João III, com D. Joana, filha de Carlos V, por sua
vez pais de D. Sebastião. O pastor Serrano personifica António Ferreira.
De notar: a situação da acção no tempo e no espaço, glorificação dos
reinados de D. João III e de D. Manuel, o canto da paz, a celebração de
Coimbra, a descrição da Natureza amena habitada pelas deusas e propí-
cia ao amor, diálogo dos pastores, mudança na Natureza e nos homens, o
uso da mitologia como ornamento e como símbolo.
4 — *Marte:* em perífrase, inicialmente deus da natureza fértil, por isso
deu o nome ao mês de *Mars* (Março); depois deus da guerra. Na iconografia antiga, a Fuga e o Medo faziam parte do seu séquito. 9 — Em
perífrase, Portugal. 15 — *pacífico João:* D. João III.

Eu digo aquele Rei de grandes Reis,
Que desde o Tejo muito além do Nilo
Com suas armas obrigou, e leis
Tomá-lo todos por seu Rei, e servi-lo.
5 Filho daquele que no mar vereis
Em Baleia sentado, ou Crocodilo
Em lugar de Neptuno, e seu tridente
Na mão, como seu Rei, e de sua gente.
Foi este Rei dos Céus à terra dado
10 Para remédio da que se perdia
Paz já no Mundo: nunca tão cerrado
Esteve Jano, que de antes soía
Abrir-se a cada passo, no passado
Tempo, que em ira, e ódio todo ardia.
15 Assi presa em cadeias teve a guerra,
Que só paz reinou sempre em sua terra.
Cantavam os Pastores descansados
Pelos vales, e campos tão seguros,
De si, e de seus rebanhos descuidados,
20 Como quem não temia os maus, e duros
Imigos, de que fossem salteados.
Suas choupanas eram fortes muros.
Seus versos, e cantigas todas eram
Louvar o seu bom Rei, que os Céus lhes deram,
25 Crescia a grossa espiga, e se segava,
Depois que já quebrava de madura,
Daquela mesma mão, que a semeava:
Pascia o gado gordo da verdura
Da serra, que roída se queimava
30 Para lhe renovar sua pastura:
As águas claras tão livres corriam,
Quão livres caminhantes a bebiam.

---

5 —*Filho daquele:* filho de D. Manuel. 7 — *Neptuno:* deus dos mares. 12 — *Jano:* deus dos começos (entradas) e saídas. No seu templo, as portas estavam fechadas em tempo de paz e abertas em tempo de guerra. 15 a 6 da pág. seg. — Canto da paz. Tema da *pax romana*, do tempo de Augusto.

O claro Tejo, Douro, Minho, Odiana
O mar seguramente vão buscando.
Não os seca o imigo, não os dana,
Ledos vão docemente murmurando.
5 O som dos quais também segue Diana,
Que ao longe com suas Ninfas vai caçando.
Soía ali fazê-lo, mas agora
Em outra parte já com Palas mora.
Em outra melhor parte, que parece
10 Que mais que as outras todas lhes convinha;
Onde o claro Mondego, quando cresce,
Inveja faz ao mar; onde a Rainha
Seu templo sacrossanto, que hi parece,
Com seus milagres honra; onde se vinha
15 Tomar antigamente a alta coroa,
Daquele, que daqui tomou Lisboa.
Aqui Palas, e Febo se sentaram.
E escolhendo na terra seus assentos
Os mais doces, e frescos, começaram
20 Aos homens levantar os pensamentos
A cousas, que té li nunca cuidaram
Cegos só de seus cegos movimentos,
Os céus, e as estrelas, que não viam,
Já agora as sabem ver, dantes as criam.
25 Mas Vénus, que também de antigamente
Tinha tomado posse dessa terra,
(Que inda hoje se vê nela o inocente
Sangue da branda Ninfa, ódio, e guerra
Do pai co filho) triste, e descontente
30 Temendo as mores Deusas, a ũa Serra
Se foi co seu menino, e ali esperou
«Não é nossa tenção tomar-te o teu,

5 — *Diana:* deusa das florestas e das correntes de água, da luz, das mulheres; caçadora infatigável, ciosa da sua virgindade; Actéon é castigado por a ter visto nua. 8 — Coimbra, morada de Palas (Minerva), com a sua Universidade. 12 — Rainha Santa. 13 — Convento de Santa Clara. 14-15 — «Até D. Afonso III, vinham a Coimbra os monarcas fazer a sua cerimónia de coroação», Júlio de Castilho. 17 — *Febo:* assimilado a Apolo, deus das actividades intelectuais. 25 — *Vénus:* deusa do amor. 27-28 — Referência a Inês e à Fonte dos Amores. 29 — Afonso IV-D. Pedro.

(Lhe diz Diana) nem Minerva vem
Té que ũa, e outra Deusa a visitou.
Para isso: mas se queres tu e eu
Com ela aqui vivamos: não convém
5 Que ũa queira roubar à outra o seu;
Quanto cada ũa de nós todas tem
Juntemo-lo aqui nesta tua Serra,
Daqui só mandaremos toda a terra.
E Febo com seu canto ajudará
10 Amar-nos mais a gente, e mais temer-nos,
Com sua doce lira forçará
Os Tigres, e Leões obedecer-nos.
Té que aquela JOANA, que virá,
Nos force irmo-la ver, em vez de ver-nos.
15 Iremos mais seguras, mais honradas
Todas três indo juntas, que apartadas
Não pode já tardar, teu filho o sabe,
Que nunca a deixa, nunca mor façanha
Fez, que feri-la: razão é que acabe
20 De mostrar um tamanho bem a Hespanha,
A todo Mundo, ao Mundo todo cabe
Parte, não é somente ela, e Alemanha,
O grande Oceano o diga, diga o Nilo,
Não podem Eufrates, Gange, e Indo encobri-lo,
25 Para todas tão grande bem parece
Que, Vénus, já daqui nos percebamos;
Um tão alto Himeneu não merece
Que da maneira doutros a ele vamos.
Já Febo se exercita, já guarnece
30 A curva lira, à qual sempre cantamos,
Irão as nossas Ninfas, vão as tuas
Cantando ao som da lira as graças suas.»

1 — *Minerva*, deusa protectora de várias profissões, nomeadamente das actividades intelectuais. 20 — *Hespanha (Hispania)*, península Ibérica. 27 — *alto Himeneu:* alto casamento. Himeneu, deus do casamento.

Todas desta maneira concertadas
Vão-se logo as três Deusas pelas mãos,
A qual mais alva, e loura, assi travadas
Com seus rostos alegres, peitos sãos.
5 Mui diferentes daquelas passadas
Iras nascidas de apetites vãos.
Por onde quer que passam, vão caindo
Mil flores de que o chão se vai cobrindo.
Àquela fonte antiga, que um serrano
10 Fez de lágrimas suas (que antes era
Um grã penedo duro) Lusitano
Pastor, que nũa serra se perdera;
(Segundo contam) fez-lhe tal engano
Amor, que nesta fonte o convertera,
15 O corpo em água ali ficou desfeito,
Do esprito não se sabe bem que é feito.
A água desta fonte vai chorando.
A quem deixa esquecer o esprito nela
Parece que por Lésbia vai chamando.
20 A quantos acontece ir ter com ela
Não sei de que se ali vão namorando:
Não sei que se lhes nasce só de vê-la.
Os olhos postos na água, aos pensamentos
Vêm logo uns amorosos movimentos.
25 As ervas ali mais que em outra parte
Parece que enverdecem; ali mais cores
Parece a Natureza que reparte
Pelas frescas boninas, pelas flores.
Ali nunca parece que se farte
30 De chorar Filomela os cruéis amores.
Ali juntas as Deusas se sentaram,
E a tudo nova graça acrecentaram.

---

19 — *Lésbia:* célebre amada do poeta Catulo, 30 — *Filomela:* princesa ateniense transformada em rouxinol.

Pondo seus ricos arcos, e vestidos
Aqueles brancos corpos nus mostraram
Ao Troiano Páris já despidos.
Os seus cabelos soltos spiraram
5 Um odor, que a nenhuns mortais sentidos
Nunca chegou, e assi na fonte entraram,
Que é de então para cá delas morada
Mas de ũa só, das outras emprestada.
Como à sagrada fonte ali cada hora
10 Os Pastores vão ter, este suspira,
Este tange, outro canta, o outro chora,
Todos ali Amor leva, e Amor inspira.
Ali doce brandura de almas mora,
Que todo pensamento baixo tira.
15 Doces são os queixumes, doce a dor,
Doce água, doce fogo, e doce amor.
Serrano aconteceu, que todo um dia
Se achou ali como ele costumava,
O pranto, que então fez, derreteria
20 De pedra, um coração; bem se enxergava
Na terra, que ao redor humedecia
Das águas, que dos seus olhos lançava.
Quando o amigo Castílio ali chegou,
E vendo-o tal, com mágoa assi falou:
25 *Cast.* Amor cruel! que já nunca te fartas
De nossa morte, dize porque assi
Um triste coração de um corpo apartas?
Este corpo, que tens lançado aí,
Menos te há-de servir morto que vivo:
30 Dá-lhe alma, e a vida ao menos para ti.
Mas ah que digo eu triste? também sirvo
A quem tais pagas dá: também mas dão.

3 — Páris teve que decidir sobre qual das três (Vénus, Juno, Minerva) era a mais bela.

Hay-se de um cativo, outro cativo,
Serrano amigo, tu não vês o chão,
Onde estás, que de seco, que antes era,
Tão húmido tens feito? dá cá a mão,
5 Levanta-te, levanta-te: quisera
Que te vira tua Lésbia qual estás,
A ver se a morte, ou sua mão te dera.
Serr. Hay, hay, Castilio amigo, hay.
Cast. Que hás?
10 *Serr.* Não sei: Parece como que te trazem
De dentro desta fonte.
Cast. Onde te vás?
Serr. Mas eu estava sonhando.
Cast. Olhai que fazem
15 Estes doudos amores; eu diria
Que alguns encantamentos neles jazem.
Serr. Não sei que ora isto foi, que bem te ouvia:
Mas não saberei dar fé de palavra,
Em outro Mundo estava, outro Céu via.
20 Que meio me darás para que eu abra
Este meu peito? e lance dele fora
Esta peçonha, que assi nele lavra?
Vês-me aqui vivo, e são: daqui a hũ'hora
Não sei se me verás; vai-se-me a vida
25 Em fogo, em vento, em água, que alma chora.
A memória de mim trago perdida.
Muitas vezes me busco, não vejo.
Minh'alma de mim mesmo anda fugida.
Ora aborreço o campo, ora o desejo.
30 A frauta, que me alegra, me entristece,
Eu a mim mesmo ás vezes me sou pejo.
Vês tu essa erva como reverdece

---

1 — De um vencido do amor, compadece-se outro cativo. 4 — *húmido:* por causa das lágrimas. 26-27 — Efeitos contrários do amor. 30 — Símbolo da poesia bucólica. 32 a 11 da pág. seg. — Mudança na Natureza.

Co orvalho fresco, e quanto mais a fonte
Se chega, tanto mais verde parece?
Vês o rio, que vai de monte a monte
Carregado de roubos, e queixumes,
5 Que ora ameaça, ora não sofre a ponte?
Vês agora na aldeia bons costumes?
Uns rostos brandos, riso, e bom amor
Fora de más suspeitas de ciúmes?
Verás daqui a pouco vir o ardor
10 Do sol queimar as ervas, e secar-se
O rio, o campo, a erva, a folha, a flor.
Verás na nossa aldeia vir mudar-se
Aquela livre, aquela boa soltura
De vida, em um doutro não fiar-se.
15 Que poderás já ver, que tenha dura?
Muda-se o tempo, e o Céu. O gado ora anda
Morrendo-te de fome, ora em fartura.
A que dizes ora isso? me demanda:
Digo, Castílio, que eu só vivo firme
20 Em minha dura estrela, que me manda,
Que já cuidei daqui por vezes ir-me,
Em o cuidar somente me tornava.
Morria já, sem me partir, por vir-me.
O corpo como iria, onde ficava
25 Presa, e cativa esta alma já de tanto?
Ria-me então de como me enganava.
Esta fonte ouviu hoje aqui meu pranto:
E, como se o sentisse, parecia
Que ajudava entoar tão triste canto.
30 Ora fazia pausa, ora corria
Como murmúrio ora grave, e ora agudo,
Disseras que algum esprito ali havia.

12-17 — Mudança nos homens.

Em fim cansei: Estive um espaço mudo.
Tornei a cometer ir mais avante,
Não pude: antes perdi o tento a tudo.
[...]

25.

SEGADORES

Falsino. Silvano.

No campo do Mondego ao meio-dia
5 Dois segadores, Falcino, e Silvano.
Em quanto os outros jazem à sombra fria
No mais ardente Sol de todo o ano:
Eles sós segam, e cantam à porfia
Do Amor, um seus bens canta, outro seu dano,
10 Arde o Mundo, a Cigarra só responde,
Amor ora aparece, ora se esconde.
Inda daquela Ninfa saudoso,
Que no claro Mondego se banhava,
E tanto tempo trouxe em vão queixoso
15 O Pastor, que Serrano se chamava,
Que convertido em Cisne no amoroso
Seu fogo ardendo, o seu fim cantava,
Inda a busca o Amor manhã, e tarde,
Ela o despreza, e em outro fogo arde.
20 Namorou-se o Amor dos seus amores
Daquele Pastor triste, e fez-lhe guerra.
Quem viu tão desiguais competidores?
Amor contra um pastor, fogo com a terra?

25 Esta écloga é dedicada a D. Duarte, filho do infante D. Duarte e neto do
rei D. Manuel. De realçar: a existência de uma espécie de dedicatória e
proposição; o amor é cantado com elementos bucólicos retirados da área
semântica de «seara» e «ceifa»; as personagens são diferentes das da tradição tipicamente clássica, que eram predominantemente de áreas pas-
toris e piscatórias: são ceifeiros (segadores) bem adaptados à realidade
portuguesa; o uso de símiles com enumerações ou exemplos concretos a
servir de termo comparante.
12 a 28 da pág. seg. — Júlio de Castilho lê nestes versos a transição dos
amores juvenis de António Ferreira de Jerónima Serra para Maria Pimentel *(Marília)*. 15 — Personificação de António Ferreira.

Em fim choraram Ninfas, e Pastores
Serrano morto naquela alta serra
Ela o Amor fugiu, que em vão a chama.
Se em vão Serrano amou, e ele em vão ama.
5 Dali o cruel ficou, segundo soa,
Afrontado de si mesmo, e corrido,
Menos dizem que fere, e menos voa,
E assi do mundo é já menos temido.
Fez do seu fogo em si ũa prova boa,
10 Suspirou de sua frecha em vão ferido.
Da sua divina força perdeu parte,
Com que vencia a Júpiter, e Marte.
Forçado da desonra, e da vergonha,
Ao bosque, ao campo, ao rio vai fugindo.
15 Ali vãmente em seus amores sonha.
Ali em seu fogo se está consumindo.
Contra a rústica gente sua peçonha
Mostra, e seu fraco arco está brandindo.
Outros dizem que agora é mais cruel,
20 Mais armado de fogo, mais de fel.
E por fazer ũa áspera vingança
Em castigo daquela ofensa sua,
Faz quem mais ama, amar sem esperança,
E a mais fermosa Ninfa faz mais crua.
25 Cresce o amor, no mal não há mudança:
Castiga em ti, cruel, a culpa tua.
Ou se ser desprezado te dói tanto,
Põe do teu fogo nelas outro tanto.
Alto Senhor, se a teus altos ouvidos
30 Chega o som baixo da çamponha minha,
Serão meus versos tão engrandecidos,
Quanto para os ouvires lhes convinha.

12 — Força com que o Amor vencia os próprios deuses. 29 a 20 da pág.
seg. — Espécie de dedicatória e proposição. 30 — *çamponha:* flauta pastoril, própria da poesia bucólica.

Outros maiores, que te são devidos,
Já os tentei em vão: que não sustinha
O peso do teu nome alto, e Real,
Tão fraco engenho, e voz desigual.
5 Já, Senhor, teu Andrade se aparelha
Ao alto canto desta empresa dino;
Já com todas as Musas se aconselha
Em que modo, em que som mais peregrino
Cante teu nome: e como colhe a Abelha
10 Da melhor flor o seu licor divino,
Assi escolhe o melhor de Apolo, e Marte,
Para mostrar ao Mundo o grã DUARTE.
Tu por honra das Ninfas tão fermosas
Lília, e Célia, que aqui são cantadas,
15 De Falcino ouve as queixas amorosas,
Se Silvano ouve as rimas namoradas.
E de Lília, e de Célia desejosas
De cantar sempre, e sempre aparelhadas
Estão as Musas, e elas inspiravam
20 A Falcino, e Silvano, o que cantavam.
Silv. Quem te não ama, Amor, não te conhece.
Quem se queixa de ti, de todo é cego.
Com amor se semeia, e madurece
O branco trigo, que eu cantando sego.
25 Com amor a água do Mondego cresce,
Com amor cantam Ninfas no alto pego.
Com amor cantarei os meus amores,
E vencerei cantando os segadores.
Falc. Quem a Amor chama amor, o nome lhe erra.
30 E é mais cego quem lhe cego chama.
Frechas e fogo que são senão guerra?
Donde, senão dos olhos lança a chama?

1-4 — O poeta declara-se não dotado para a poesia épica. 5 — *Andrade:*
Pêro de Andrade Caminha, como possível cantor épico. 11 — *Apolo:*
símbolo de dotes literários e artísticos; *Marte:* símbolo de capacidades
guerreiras. 14 — *Lília:* amada de Falcino; *Célia:* amada de Silvano.

Não embebe tanta água a grossa terra,
Nem tanto a loura espiga a fouce chama,
Que eu mais água dos olhos não derrame,
E que mais pelo Amor em vão não chame.
5 *Silv.* Se tu, ó Célia, aqui chegasses ora,
Logo eu desses teus olhos esforçado
Mais feixes destes segarei numa hora
Dos que Falcino tem hoje segado.
Não venhas Célia ah, não saias fora,
10 Que arde o Sol muito, está o campo abrasado,
E inda o Sol arderá mais, em te vendo,
Que por te ver, se vai assi detendo.
Falc. Se a minha Lília aqui ora viesse,
Não arderia o Sol quanto agora arde,
15 Que eu sei que antes os raios encolhesse
Mudando a sexta nũa fresca tarde,
E que ante ela a sua luz escurecesse.
Roga, Silvano, ao Sol, que um pouco aguarde.
Verás, se Lília vem, a diferença,
20 Verás quem em amar, e em segar vença.
Silv. Pus-me a olhar a manhã como saía
Alva, e rosada, e tão resplandecente;
Eis que por outra parte aparecia
Célia, abrindo ao Mundo outro Oriente.
25 Em quanto ũa fermosura, e outra via,
Conheci a diferença claramente.
Perdoai, disse, Estrelas radiosas,
Inda as cousas mortais são mais fermosas,
Falc. Fugiu-me Alma, já o sei para a fermosa
30 Lília, ali a acolheita tem segura.
Que fizera se branda, e se amorosa
Lília lhe fora assi, como lhe é dura?

16 — *sexta:* hora *sexta*, palavra latina e de tradição religiosa para designar o meio-dia. 30 — *acolheita:* refúgio.

Ou se a não avisara que enganosa
De Lília era aquela fermosura?
I-la-ei buscar, e hei medo que fiquemos
Lá ambos. Dize, Amor, que aqui faremos?
5 *Silv.* Quem seu trigo semeia em terra boa
Recolhe sempre o desejado fruito,
Quando Abril sua água branda coa,
E quando Maio vem ventoso, e enxuto.
Não venha o mau Suão, que a espiga moa,
10 Nem muito frio o Sol, nem quente muito.
Assi a Amor também seus tempos vem,
E quem seus tempos lhe erra, não o tem.
Falc. Eu semeei, Silvano, em hora escura,
Em parte, onde não chove, nem orvalha.
15 Enganou-se da terra a fermosura,
Nem semente colhi, nem grão, nem palha.
A Aristo nasce o trigo em pedra dura,
Que parece que ao vento o lança, e espalha.
Assi com o Amor mais a ventura val,
20 O mal paga com o bem, o bem com o mal.
Silv. Lília fala, Amor está falando.
Lília ri, Amor também está rindo.
Lília chora, Amor está chorando.
Lília abre os olhos, está-os Amor abrindo.
25 Lília canta, Amor está cantando.
Lília vai-se, vai-se o Amor indo:
Nisto só desconformam: Lília é dura,
O Amor dizem que todo é brandura.
Falc. Nos cabelos de Célia o Amor se tece,
30 Nos seus olhos Amor seu fogo acende.
Amor na boca, e testa resplandece,
Na alva, e rosada face Amor se estende.

---

9 — *Suão:* vento proveniente do sul.

Amor nos brancos peitos lhe adormece,
Em tudo nela Amor se vê, e entende.
Mil amores consigo Célia traz.
Quem Célia ouvindo, ou vendo, terá paz?
5 *Silv.* A Ceres é devida a sementeira.
As Rosas ao Verão; a Flora as flores.
A Baco a vide: a Palas a Oliveira.
A Abril o verde prado: a Maio as cores.
A Lília a fermosura verdadeira.
10 A Lília as graças, a Lília os Amores.
Os suspiros, e as lágrimas em sorte
A Amor couberam: e a mim: por Lília, a morte.
Falc. O Sol o Inverno, o Sol o Verão traz,
O mesmo Sol a noite, o Sol o dia.
15 Assi Amor faz guerra, Amor faz paz:
O mesmo Amor tristeza, e prazer cria.
O Sol a calma, o Sol a chuva faz,
O mesmo Sol a terra aquenta, e esfria:
Assi água com o fogo ajunta Amor,
20 E lágrimas mistura, riso, e dor.
Silv. Se lágrimas não foram, todo ardera,
E se não fora o fogo, todo em água
Por ti, ó Lília, já me desfizera,
Assi por ti sou, Lília, viva frágua.
25 Se Amor a um contrário outro não dera,
Quem tanto ardor sofrera? quem tanta água?
Assi com a água, e com o fogo sou mais forte,
Assi passo por ti dobrada morte.
Falc. Tu passas, ó Cigarra, a sesta ardente
30 Cantando à sombra dessas verdes ramas.
A noite fria dormes docemente:
Não te queixas do Amor, nem seu bem amas

Vives cantando; e como quem não sente,
Cantando morres, e tua morte chamas.
Ó ditosa Cigarra, se tu amasses,
Eu sei que nem dormisses, nem cantasses.
5 *Silv.* Quando mostrar-te quero o pensamento,
Lília, que na alma escondo, e o que queria,
As palavras se vão da boca em vento,
E de um mortal suor a alma se esfria.
Arço por ti, e em vão mostrá-lo tento.
10 Mas bem to mostra a minha covardia.
Se me calo, os meus fogos são mais fortes,
Assi mouro por ti Lília, duas mortes.
Falc. Pastores, buscais fogo? vinde aqui:
Que mais fogo quereis, que o que estais vendo?
15 Fogo sou, desque a branda Célia vi:
E tudo quanto toco em fogo acendo.
Acendei vossas iscas, e fugi:
Não vos chegueis a mim, que ireis ardendo.
Arderá, se o tocar, o bosque logo.
20 Fugi, que quanto vejo é calma, e fogo.
Silv. Falcino, a voz, e a fouce te enfraquece.
A ordem de segar levas errada.
A espiga, que ante os pés se te oferece
Deixas, e segas a que está arredada.
25 A mão te treme: o rosto amarelece.
Um rego mal segaste, do outro nada.
Vai-te à sombra, Falcino, vai-te ao rio.
Que eu segarei cantando ao Sol, e ó frio.
Falc. Bem podes tu vencer na fouce, e braço,
30 Mas serás no amor de mim vencido.
Esses erros, Silvano, eu não os faço,
Que não trago na fouce o meu sentido.

---

4 — *dormisses:* latinismo, dormirias; *cantasses:* latinismo, cantarias.

Mas tu, a quem o Amor dá tanto espaço,
Não tens jornal tão grande merecido.
Se eu hoje Lília vira, eu só segara,
Sem descansar, outra maior seara.
5 Erguei-vos já, ó fracos segadores,
Que jazeis atégora à sombra fria.
Vinde ver como segam os amores
Na mor força da calma ao meio-dia.
Ó doce Amor; quem sofre teus ardores,
10 Como do Sol o ardor não sofreria?
Amai, amigos, ser-vos-á proveito.
Tereis o corpo ao Sol, e à neve afeito.

5 — O poeta retoma aqui a palavra.

26.

HISTÓRIA
DE
SANTA COMBA DOS VALES
[Extractos]

Do bárbaro Tirano os cruéis amores,
A alta constância da Pastora santa,
Honra da serra, glória dos Pastores,
Humilde, e alegre minha Musa canta:
5 Altos Heróis, Reis, Imperadores,
Cuja soberba fama o Mundo espanta,
Confessem quanto menos é sua glória,
Da que COMBA ganhou em tal vitória.
Vós castíssimas Ninfas de Diana,
10 De Louro, Palma, e flores coroadas,
Em quanto de Hipocrene a fonte mana,
E de Comba as vitórias são cantadas,
(Não vos invoco a fábula profana)
Com as Musas em coreas concertadas
15 Cantai comigo: e dai-me ũa voz, que soe
Por todo o Mundo, onde COLOMBA voe.
Claríssimos Senhores, verdadeiro
Ramo do Real tronco, e lume novo
Dessa casa ilustríssima d'Aveiro,

26 Esta composição sobre Santa Comba dos Vales (Cabeceiras de Basto), em oitava rima, é certamente inspirada pelo desejo de honrar a família de sua mulher; apresenta, à maneira de epopeia, proposição, invocação, dedicatória e narração. De notar: maravilhoso pagão de mistura com maravilhoso cristão, como em Camões; valores humanos assimilados pelos valores cristãos.
2 — *Pastora santa:* Santa Comba. 8 — *Comba,* do latim *columba,* pomba. 9 — *Ninfas de Diana. Ninfas:* na mitologia, mulheres jovens que povoavam os campos, bosques e fontes. *Diana:* deusa da caça e da virgindade. 10 — *Louro:* símbolo de vitória com que se coroavam os heróis e os vencedores dos jogos; símbolo de vitória, ascensão e imortalidade. 11 — *Hipocrene:* cuja água doava inspiração poética. 14 — *coreas:* danças.

Irmãos iguais àqueles de um mesmo Ovo:
Qu'inda estrelas sereis no derradeiro
Céu Empíreo: a quem de amor me movo,
Posto que indino de chegar a tanto,
5 Oferecer meu baixo, e humilde canto.
Quando ũa hora virá, que algũa parte
Do muito, que de vós o Mundo espera,
(Que a tudo nenhum engenho basta, ou arte)
Cante, que se ouça desta à outra esfera.
10 Quando vos coroará por sua mão Marte,
E que eu de Febo coroado de Hera
Faça que mais que em ouro, marmor, cedro
Vivam o grande JORGE, e o grande PEDRO.
Ouvi da Virgem santa o claro feito,
15 Vede d'Amor os tiros desprezados,
Sua aljava quebrada, arco desfeito,
Seus temerosos fogos apagados.
Dum brando, virginal, pastoril peito
Foram dois maus Tiranos triunfados,
20 Um Cupido perverso, outro um Rei Mouro
Que seu intento punha em força, e em ouro.
Não tem forças Amor, que nós lhas damos.
Temer-se faz de nossa covardia,
Nós do seu fogo e setas o armamos,
25 Nós lhe damos do Mundo a Monarquia.
Ah quão mal a vontade cativamos
A quem de si não tem força, e valia!
S'a experiência pode fazer prova,
Nem derradeira esta é, nem será nova.
30 No tempo, que a infiel bárbara gente
Da mísera Espanha ocupava a terra,
E o sangue derramava cruelmente

---

1 — *Irmãos:* D. Jorge, marquês de Torres Novas, e seu irmão D. Pedro
Dinis. 3 — *Céu Empíreo:* Céu, paraíso. 6-9 — Possibilidade de um poeta
épico. 11 — *Febo:* assimilado a Apolo, deus do sol, da poesia, da medicina, da música. 15-17 — Insígnias do Amor. 25 — *Monarquia:* governo.
30-31 — Quando os Mouros ocupavam a Península Ibérica.

Dos poucos, que escaparam da ímpia guerra,
Ũa moça belíssima, e inocente
Passava a vida na mais alta serra,
Que entre Tâmega e Tua hoje parece,
5 Onde o Sol, em nascendo, resplandece.
Em brava fraga, e penedia dura
Andava a moça o gado pastorando,
Nada do Mundo sabe, e nada cura;
Aos Céus o esprito, e olhos levantando.
10 Maior que humana é sua fermosura
Que os Tigres, e Leões vai amansando;
E para onde quer que olha, o Tojo, e Cardo
Em flores se convertem, em Lírio, e Nardo.
Em seus olhos se via ũa gravidade,
15 Que até as Feras movia a acatamento,
E no fermoso rosto ũa majestade,
Que indício dava d'alto nascimento.
Cabelos douro, na florida idade,
Nem Sol a queima, nem a corta o vento,
20 Prudência de serpente; e o dom da Pomba
Lhe deu entre todos nome de COLOMBA.
Nem tal Diana foi, nem tal Minerva,
Nem tal pareceu Vénus a fermosa.
Ond'ela quer, ali a fresca erva
25 Nasce, e ũa fonte clara, e graciosa.
Qual na montanha a fugitiva Cerva
Dos cruéis caçadores temerosa
A cada sombra, a cada vento treme,
Tal a Pastora o Mundo foge, e teme.
30 Quantos cuidados vãos, quantas vãs dores,
A que sempre mostrou surdos ouvidos,
Criava entre Pastoras, e Pastores,

10-25 — Tom hiperbólico. Mitologia. 13 — *Nardo:* planta de intenso per-
fume. 22-23 — Deusas que disputaram o primeiro lugar na beleza,
perante Páris. 30-31 — Apesar de muito pretendida nunca correspondeu
ao amor.

De ciúme, d'inveja, e amor nascidos!
Cheia era a serra de competidores,
Cheio todo ar de queixas, e gemidos,
Cheio das frautas, que só COMBA soam.
5 Ouve-as o vento, e assi com o vento voam.
Ah qu'outro pensamento, outro cuidado,
Outros amores guarda COMBA n'alma.
I, Pastores, curar do vosso gado,
Fugi da noite o frio, e do Sol a calma.
10 Outrem lhe tem o seu amor roubado,
Que ũa coroa lhe dará de palma,
Sois rústicos, sois baixos, sois indinos
D'olhados serdes d'olhos tão divinos.
Não se temia a moça das requestas
15 Vãs dos Pastores, que passava em graça.
Via seus bailos, via suas festas,
Mas nada qu'em seu peito assento faça.
Temia mais os montes, e as florestas,
Onde o Rei Mouro sempre andava à caça,
20 Que só sem sua vista, da sua fama
Por ela ardia em amorosa chama.
Conta-se que reinava um grã Rei Mouro
Entre Tâmega e Tua, e que ocupava
Toda a terra de Lamas, rico d'ouro,
25 Rico do grosso gado, que criava.
Em cada serra tinha um grã tesouro
Junto do muito, que ós Cristãos roubava.
Eram os lavradores seus cativos,
Só por este Tirano os deixar vivos.
30 Foi o cruel pagão, e monstruoso
(Segundo aquelas gentes fama dão)
Grande, membrudo, e como usso veloso,

8 — I: ide. 10 — Cristo, a quem dedicara a virgindade. 11 — *coroa de palma:* em Petrarca, recompensa da resistência aos prazeres; *palma:* símbolo de vitória, ascensão, imortalidade. 21 — O Rei Mouro estava apaixonado por ela. 30 — *pagão:* não cristão.

E ũa orelha d'Asno, outra de Cão.
A todos feio, a todos espantoso,
Chamado era de todos Orelhão.
Pode com tudo Amor por sua brandura
5 Naquela fera monstruosa, e dura.
O que de gado tinha, e de riqueza
Mandara prometer à Virgem Santa,
Que Rainha a fará, e em grand'alteza
A porá, qual nunca outra teve tanta.
10 Tanto mais cresce a ira, e a pureza
No peito constantíssimo, e o levanta
Mais firme ao Céu, temendo em toda a parte
Que ou por força lha levem, ou por arte.
Chora a Pastora, chora seu perigo:
15 Mal passa a noite, pior passa o dia.
Não sabe onde terá seguro abrigo,
Mais que o seu gado, sobre si vigia.
A cada tronco, ou pedra vê o imigo.
Das sombras, e dos ventos se temia.
20 Não que temor da morte a tente, ou torça,
Mas porque teme do Tirano a força.
No mais alto da serra, no mais duro,
Dum moço seu Irmão acompanhada
Fazendo da montanha forte muro,
25 Toda anda em seus amores enlevada.
Levai-me, meu esposo, deste escuro
Bosque (cantava) ond'ando salteada.
[...]
Chegara ali a moça na alta sesta
Banhar-se, como sói, nũa fonte clara
30 Depois de vigiar a serra, e floresta,
Que pisada de gente não topara.

---

7 — *Virgem Santa*: Comba. 28 a 10 da pág. seg. — Erotismo velado, próprio da Renascença. Semelhanças com o episódio de Diana-Actéon: este, grande caçador, surpreendeu Diana no banho; a deusa, irritada, transformou-o em veado, que foi devorado pelos próprios cães.

Ali mais que Diana, mais que Vesta
Seu castíssimo corpo refrescara,
A cuja vista o Sol, que antes ardia,
Tempera o fogo, e faz mais claro o dia.
5 Parece-lhe estar queda mais seguro.
Força o alento, quanto ela mais pode.
Fazem as matas o lugar escuro.
Nem vento as abre, por mais que as sacode.
Vós, meu Deus (dizia ela) sois meu muro,
10 Vossa grandeza aos míseros acode.
Escondei-me, Senhor, que me não veja
Quem vossa honra profanar deseja.
[...]
Já a Pastora chegava ao alto cume
Da serra, onde é mais alta a penedia,
15 Dond'o olho abaixo olhando, perde o lume,
E entr'ela, e el-Rei só a lança se metia.
Já lhe chega o Tirano, e já presume
Que nem em terra, ou Céu lhe escaparia,
Quando COMBA gritou: ó rocha alta, onde
20 Venho buscar abrigo, em ti me esconde.
Ó Maravilha grande! abriu-se a pedra.
Obedeceu à Santa a rocha dura,
Obedeceu à Santa, e abriu-se a pedra,
E defendeu-a da cruel ventura.
25 Também a lança do Mouro abriu a pedra,
Ao pé fica assinada a ferradura,
Ao pé da rocha, onde hoje inda parece,
E na pedra a lançada se conhece.
Tanto que em si recolheu, cerrou-se
30 A dura rocha, assi de Deus mandada.
[...]

27.

Dos segredos Reais segura guarda,
A cujos olhos s'abre o Real peito,
Em cujo peito seus intentos guarda:
Seja teu bom conselho sempre aceito
5 Ao melhor, e mor Rei, que te escolheu
Conforme em tudo a seu Real conceito.
Quão ditoso aquele é, que mereceu
Aprazer a tal Rei, quão alvo dia,
Em que tão claro ao Mundo um Sol nasceu!
10 Santa alma, real zelo; a quem só guia
Amor, justiça, e paz, cujos bons meios
Em ti busca, em ti acha, em ti confia.
Sãs letras, justas armas, dois esteios
Firmíssimos de Império só tenhamos.
15 Mais bens, se o Mundo os tem, a outros Reis dê-os.
O Portugal antigo, que louvamos
De espritos rudes, de ânimos ousados,
Qu'arte à sua guerra, à sua paz achamos?
Não escureço os feitos tão lembrados
20 De tantos Capitães, tantos Reis fortes,
Que por divino esprito eram guiados:
As vidas desprezar, não temer mortes,
A mais imigos, rostos mais seguros,

---

27 Carta dirigida a Alcáçova Carneiro. De notar: o tema armas-letras; a necessidade de prudência e lealdade nos conselheiros do rei; o rei não deve afirmar-se pelo medo/mas pela «santa» justiça; a atitude de humanista, conselheiro dos poderosos, por parte do poeta.
1 — Alcáçova Carneiro, secretário de Estado de D. João III. 5 — *mor*: maior. 7-9 — Tom laudatório. 8 — *alvo dia (alba dies)*, dia feliz. 13-15 — Tópico renascentista de armas-letras. 19 — *escureço*: deslustro.

Ousados votos, e ditosas sortes
Alvos cavalos, arcos mil em muros,
Mil palmas, e mil louros mereciam,
Mas não se honravam disso espritos puros.
5 Venciam os santos reis, porém venciam
Mais por ousado esforço, que por arte,
Sem nenhum medo a tudo ousados iam.
O grã poder de Deus deixado a parte,
Que espantos hoje soam, que façanhas
10 Do grande Portugal em toda a parte!
De tantos capitães que artes, que manhas!
De tantos cavaleiros que ousadias!
Que vitórias em terras tão estranhas!
Já outros tempos, outros claros dias
15 Nos nasceram: entrou arte, e ciência
De nosso esprito mais seguras guias.
Cresce com o tempo mais a experiência.
Não louvamos já bons sucedimentos,
Louvamos bom conselho, boa prudência.
20 Em quanto tristes fins de bons intentos
Roma sofria, em quanto castigava
Ditosos fins de maus cometimentos,
Que Mundos não vencia? que receava?
Como tão grande Império, e paz só tinha?
25 Quanto da má fortuna triunfava!
D'armas em justa guerra armada vinha,
De letras em boa paz; e assi igualmente
D'ambas sempre ajudada se sustinha.
Ditosa idade, bem lembrada gente,
30 Que exemplo cá deixastes, que memória
Que do Ocidente soa até Oriente!
Mas quanto mor, quanto melhor história

9-13 — Feitos portugueses das descobertas. 11 — *manhas:* engenho.
15 — A diferença era a nova «arte e ciência». 26-28 — Roma mantinha-se
com o concurso das armas e das letras.

De Portugal já nasce, que escritura
Nova, que nova fama, que alta glória!
Ah deve-se àquela alma santa, e pura
Do nosso grande Augusto, bom Trajano,
5 Que aquela clara idade torna escura.
Seu santo fim todo é desviar o dano,
Que mal nos ameaça, destruindo
Mau desejo, mau zelo, e mau engano.
A nova luz das letras foi seguindo,
10 As fortes armas co'elas governando,
De que tamanho bem ao Mundo é vindo.
Entraram maus intentos, que danando
Vão o conselho santo, e já em mal
Aquele tanto bem se vai mudando.
15 Inclinações danadas! que o que val
Para conservar paz, destruir guerra,
Para honra, e bem comum, e não para al,
Seguem só polo seu. Aqui se encerra
Todo estudo, tod'arte; que fins santos
20 Se esperaram de quem no intento erra?
De tantos livros, tanto estudo, e tantos
Anos que sai já agora? má cobiça,
Riso de maus, e de inocentes prantos,
Aquela santa, aquela igual justiça
25 No bom zelo só está, não em livros mudos,
Que zelos maus a tornam injustiça.
Não culpo os livros bons, os bons estudos,
Como não culparia a boa espada,
Bons elmos, bons arnezes, bons escudos.
30 Culpo, e praguejo aquela tão danada
Alma, que para mal usa do bem
De seu cruel proveito conselhada.

4 — Comparação de D. João III com os imperadores romanos Augusto e
Trajano. Traço renascentista. 7 — *mal:* muito. 9-10 — Ainda o tema
armas-letras. 17 — *al:* outra coisa. 30 — *danada:* perversa.

Prudência, e lealdade só sustém
Os bons impérios: daqui nasce o amor,
Que ao povo o Rei, ao Rei seu povo tem.
Nunca os estados segurou temor.
5 Nunca foi o bom zelo desprezado.
Danou os bons desprezo, os maus favor.
O nosso bom JOAM tão bem guiado
De seu esprito, viva em ti seguro,
E nos mais, de quem é bem conselhado.
10 Abrasam-se castelos, cai o muro.
Cansam forças, e braços, e ardidezas.
No bom conselho só está o bom seguro.
Do saber são as boas fortalezas.
Escolham-se bons zelos, bons espritos,
15 Mais no Mundo soaram nossas grandezas.
Aqueles claros feitos, altos ditos,
De que os livros são cheios, desprezemos.
Mores feitos há cá, não tão bem escritos.
Vençamos no melhor, o outro imitemos.

28.

A PÊRO DE ANDRADE CAMINHA

20 Teu nome, Andrade, de qu'é bem qu'esperem
O de que se já sempre espantaram
Quantos te vem, quantos depois vierem:
Teu raro esprito, de que se honraram
As Musas, que de si tanto te deram,
25 E que tarde outro como a ti darão:
Os bons escritos teus, que mereceram

11 — *ardidezas:* ousadias. 16 — *claros:* ilustres.
28 De realçar: elogio de Pêro de Andrade Caminha; aconselha-o a escrever
em língua portuguesa: exemplos de autores clássicos e estrangeiros; censura-o e exorta-o a mudar de procedimento; louvor da língua portuguesa.
20 e segs. — Elogio de Caminha. 24 a 3 da pág. seg. — As musas inspira-
ram-no a imitar, transpondo-os, os autores greco-latinos.

Ou ouro, ou cedro, pois já nessa idade
Nos mostras neles, quanto em ti quiseram
As Musas renovar a antiguidade,
Em teu amor aceso me levaram
5 A esta sã, e confiada liberdade.
Do que se antigamente mais prezaram
Todos os que escreveram, foi honrar
A própria língua, e nisso trabalharam.
Cada um andava pola mais ornar
10 Com cópia, com sentenças, e com arte,
Com que pudesse d'outras triunfar.
Daquela alta elegância quanta parte
Deves, tu Grécia, àquele tão louvado
Poeta, que assi soa em toda a parte!
15 E tu grã Tibre, de que estás honrado
Senão com a pureza dos escritos
Daquele Mantuano celebrado?
Garcilasso, e Boscão, que graça e espritos
Destes à vossa língua, que Princesa
20 Parece já de todas na arte, e ditos!
E quem limou assi a língua Francesa
Senão os seus Franceses curiosos
Com diligência de honra, e amor acesa?
E vós ó namorados, e engenhosos
25 Italianos, quanto trabalhastes
Por serdes entre nós nisto famosos!
Assi enriquecestes, e apurastes
Vosso Toscano, que será já tido
Por tal, qual para sempre o vós deixastes.
30 Qual será aquele povo tão perdido
Que a si não seja mais afeiçoado
Qu'a outro estranho, e pouco conhecido?

---

5 — Amizade e confiança para o censurar. 7 e segs. — Aconselha Caminha a escrever em língua portuguesa, enriquecendo-a, por ele ter escrito muito em castelhano. 10 — *cópia*: abundância. 13-14 — Como exemplo, apresenta a valorização do Grego feita por Homero. 15 — *grã Tibre*: Roma. Sinédoque muito usada no Renascimento: o rio pela nação. 17 — Virgílio. 18 — *Garcilasso, e Boscão*: introdutores da Escola Italiana em Espanha. 20 — *ditos*: conceitos, sentenças. 28 — *Toscano*: dialecto em que escreveram Dante e Petrarca e donde provém o italiano actual.

Que bárbaro não diz: «mais obrigado
Sou eu a aproveitar a mim, e aos meus,
Que àquele, que de mim está arredado?»
Getas, Arábios, Persas, e Caldeus,
5 Gregos, Romãos, e toda a outra gente
Nascem, vivem, e morrem para os seus.
Havermos nós agora a um excelente
Capitão Português de quantos temos,
De que se espanta, e treme o Oriente,
10 Querer mostrar a ordem, que devemos
Guardar na guerra em língua estrangeira,
Quão certo, Andrade, é que nos riremos.
«Este, dirias, em vez da maneira
Nos querer ensinar como vençamos,
15 Faz outra gente contra nós guerreira.»
E tanto é mais razão que o nós sintamos,
Quanto maior proveito nos cabia,
E quanto mor o dano, que esperamos.
O que entre a antiguidade mais se havia
20 Por infâmia, era desprezar a terra,
De que um era filho, e em que vivia.
Contra a qual não somente se diz que erra
O que desemparar, trair, vender,
Ou lhe mudar a boa paz em guerra,
25 Mas quem com quanto dizer, e fazer,
Em seu proveito pode, o não fizer,
Ou seja com bom braço, ou bom saber.
Duas coisas somente se hão mister
Na República boa, corpo, e alma.
30 Ditosa aquela, que ambos bons tiver.
O corpo, que por ferro, frio, e calma
Rompa, e passe sem temor avante,

---

1 e segs. — As razões para usar a língua portuguesa: o seu enriquecimento e a valorização do próprio povo português. 25 — *dizer e fazer:*
falar e escrever em português é tão próprio do bom português como praticar actos patrióticos. 28 — *se hão mister:* se precisam.

Porque o imigo lhe não leve a palma.
A alma, que seja tão pura, e constante
Em seu proveito, e honra, que pareça
Ter sua glória, e bem sempre diante.
5 E que na paz, e guerra se ofereça
A com prudência, e conselho a ajudar,
Porque chamar-se filho seu mereça.
Por isso o grande Deus nos quis formar
Por suas santas mãos de carne, e esprito,
10 Porque de ambos havíamos de usar.
Quem com armas não pode, com escrito
Poderá fazer tanto, que se ria
Do qu'os escadrões rompe, e inda c'um dito.
E não se honrava mais, e mais temia
15 Aquela vencedora Esparta antiga
Cos ditos de Licurgo, que a regia,
Que dês que ela das armas, e ouro amiga
Os olhos lhe quebrou, e o desterraram?
Pátria contra si mesma ingrata, e imiga.
20 Ó quantos mor fama ganharam
Com a boa pena, que outros com a espada!
Quão mais ricas estátuas cá deixaram!
Quanto foi mais sentida, e mais chorada
A morte do alto Homero por seu canto,
25 Que a tua, Aquiles, que ele fez honrada!
Pois com quanta razão m'eu mais espanto
Do que em ti vejo, tanto ver perdido
Sinto, o que me assi move a mágoa, e espanto.
Mostraste-te tégora tão esquecido
30 Meu Andrade, da terra, em que nasceste,
Como se nela não foras nascido.
Esses teus doces versos, com que ergueste

11-13 — Com a escrita pode fazer-se tanto como com as armas. 16 —
Licurgo: considerado, pela tradição, o legislador de Esparta. 21 — A
«boa pena» pode dar mais fama que a «espada» (letras e armas). 25 —
Aquiles: foi cantado por Homero na *Ilíada.* 29-31 — Censura a Andrade.

Teu claro nome tanto, e que inda erguer
Mais se verá, a estranha gente os deste.
Porque o com que podias nobrecer
Tua terra, e tua língua lho roubaste,
5 Por ires outra língua enriquecer?
Cuida melhor que quanto mais honraste,
E em mais tiveste essa língua estrangeira,
Tanto a esta tua ingrato te mostraste.
Volve pois, volve, Andrade, da carreira,
10 Que errada levas (com tua paz o digo)
Alcançarás tua glória verdadeira.
Té quando contra nós, contra ti imigo
Te mostrarás? obrigue-te a razão,
Que eu, como posso, a tua sombra sigo.
15 As mesmas Musas mal te julgarão,
Serás em ódio a nós teus naturais,
Pois, cruel, nos roubas o que em ti nos dão.
Sejam à boa tenção obras iguais,
E a boa tenção, e obra à pátria sirva,
20 Dêmos a quem nos deu, e devemos mais.
Floreça, fale, cante, ouça-se, e viva
A Portuguesa língua, e já onde for
Senhora vá de si soberba, e altiva.
Se téqui esteve baixa, e sem louvor,
25 Culpa é dos que a mal exercitaram:
Esquecimento nosso, e desamor.
Mas tu farás, que os que a mal julgaram,
E inda as estranhas línguas mais desejam,
Confessem cedo ant'ela quanto erraram.
30 E os que depois de nós vierem, vejam
Quanto se trabalhou por seu proveito,
Porque eles para os outros assi sejam.

3-5 — As razões do dever-se escrever em português. 10 — *com tua paz:*
latinismo, com tua permissão. 21-23 — Versos cheios de emoção, que
viriam a ficar como emblema do louvor à língua portuguesa.

Se me enganei, se tive mau respeito,
Andrade, tu o julga: mas espero
De te ser este meu desejo aceito.
E em quanto mais não peço, isto só quero.

29.

A D. JOÃO DE LANCASTRO,
FILHO DO DUQUE DE AVEIRO

5 Que dizes, meu Lancastro, destes sábios,
Destes cachopos velhos, que desprezam
Quantos bons Catões houve, quantos Fábios?
Que dizes destes graves, que se prezam
D'autorizar com seu juízo o mau,
10 Por grandes contas entoado rezam!
Que julgas d'outro louro Menelau,
Que com seu corpo, e rosto capitão
Se faz famoso mais que Agesilão?
Que da carranca deste? da tenção
15 D'aquele? dos espritos, do desejo,
Dos fumos d'aquele outro, e opinião?
Estas são as diferenças, de que eu vejo
Entre nós hoje tantas novidades,
Que de nelas cuidar me corro, e pejo.
20 Aquele, que entre tantas vaidades
Não é vão, e não vendo ũa só verdade,
Conhece, e segue todas as verdades:
E entre tantas soberbas a humildade
Ama só, e quer; e onde se riem do casto,
25 Louva, e se abraça com a castidade;

---

29 De destacar: o desdém pelos ostentadores de vaidades; o louvor dos honestos por contraste com os desonestos; o desconcerto do mundo; os sábios à maneira estóica e cristã *versus* o «vulgo».
7 — *Catões, Fábios*: apelidos de homens romanos. No Renascimento,
comparava-se a Catão quem fosse ilustre pelo valor guerreiro, pela ciência e cultura. 11 — *Menelau*: herói lendário grego, marido de Helena. 13
— *Agesilão*: Agesilau, rei de Esparta. 14 — *carranca*: má disposição;
tenção: má vontade. 16 — *fumos*: presunção. 19 — *cuidar*: pensar; *pejo*:
me envergonho.

Que chamarás a este? que eu não basto
A título lhe dar dele tão dino.
Só me contento de seguir seu rasto.
Ditoso tu que és este; a que um divino
5 Esprito rege, e guia; e aos Céus direito
Pisando a terra vás seguindo o tino.
Riste deste viver tão contrafeito,
Que vês nos homens, e dos seus preceitos
Novos, em que não há um só bom preceito.
10 E quando vês uns feitos, e desfeitos
Outros, já não te espantas, como quem
A toda a inconstância os vê sujeitos.
O bem sempre por mal, o mal por bem,
Por virtude o mor vício, e por prudência
15 O que menos o é, seguem, e crem.
Ao vão pródigo dão magnificência,
Chamam o desonesto, homem de damas,
E louvam, e hão inveja à incontinência.
Aquele, que tu bom, e prudente chamas,
20 Que lança suas contas bem lançadas,
E seu pouco falar, bom, e raro amas,
Frio, e malicioso; e o de danadas
Entranhas, que c'um riso prazenteiro
Encobre suas peçonhas simuladas
25 É só prudente, e cauto: falso arteiro
O que conhece bem, e sabe fazer
Diferença do amigo ao lisonjeiro.
O cego povo, que não sabe crer,
Nem estimar se não o que é pior,
30 Como te saberá nunca entender?
Do mais inchado título, e maior
Soberba, e fausto mais se espanta: e honra

4 — Louva o destinatário da Carta. 22-23 — *danadas entranhas:* espírito invejoso. 25 — *cauto:* cauteloso; *arteiro:* astuto. 27 — A verdadeira amizade (tema clássico). 28 — *cego povo:* os que não são sábios, isto é, os que não têm uma recta visão da vida.

O mais sem honra, e ri-se do melhor.
À fama serve sempre, e a cega honra
Com'ao indino a dá, sem mais certeza;
Assi lha tira, e deixa em vil desonra.

5 Mas esse Real esprito, essa grandeza
D'ânimo, esse fugir do vulgo cego,
De seus enganos, erros, e baixeza,
Por onde quer, Senhor, que o eu digo, e prego,
Em sãos juízos acha amor, e espanto.

10 E que os mais o não entendam, não o nego.
Porém seja cad'um prudente, e santo:
S'em vida não, em morte: os que o não crerem
O viram crer com lágrimas, e pranto.
Dos outros (por ventura se morrerem

15 Antes dele) verá todos seus ventos
Com eles juntamente perecerem.
Quem, como tu, na vida traz tais tentos,
Quando morrer, começará sua vida.
Dos outros ficarão os vãos moimentos

20 Vive, bom João, e seja conhecida
Essa alma santa, sábia, e generosa,
Dos Céus, por nosso exemplo, em ti influída.
Despreza a cega gente só engenhosa
Em seguir seu mal, e a quem imigo

25 Sempre foi o saber, virtude odiosa.
Ouvi sempre dizer, que o mor perigo
Para o homem era o homem: mas tenha eu
Crédito com Deus n'alma, e só comigo
Paz boa: e seja o Mundo imigo meu.

---

5 — *Real:* elevado. 15 — *ventos:* vaidade. 17 —*tentos:* intenções. 19 —
moimentos: sepulcros. 23 — É o *odi profanum vulgus* de Horácio. 26-27
— *Homo homini lupus* (Plauto), o homem é um lobo para o homem.
28 — O sábio contenta-se com a sua boa consciência (estoicismo).

A MANUEL SAMPAIO, EM COIMBRA

Das brandas Musas dessa doce terra
Para sempre apartado choro, e gemo
Em vãos cuidados posto, em dura guerra.
Sampaio, há que não vivo, há que arço, e tremo,
5 Com medo dos perigos, que cá vejo
Tais, que do só seu rosto pasmo, e temo.
Aristipo por mestre aqui desejo,
Que com seu livre desvergonhamento
Soltasse minha língua, e inútil pejo.
10 Tudo se vence cá com atrevimento,
Com língua ousada, e mãos, com não temer,
Com pôr a proa a todo o mar, e vento.
Mas eu vou-me com Diógenes meter
Dentro em mim mesmo: e aquele doce espaço
15 Me não lembra mais Mundo, ou mais viver.
Quanto Mundo ali rio! ali desfaço!
Que novos Mundos crio! quantas vezes
Mouro comigo ali, quantas renaço!
Ditoso aquele, que contando os meses
20 De sua idade vai alegremente,
Sem ouvir de Hespanhóis, nem de Franceses,
Ditosa, ó quão ditosa aquela gente,
Que em sua simprez, sã rusticidade
A noite traz o dia vê contente!
25 Quão triste, e dura vida a da Cidade
Cheia de povo vão! quão perigosa
A da Corte a toda alma, a toda idade!
Esta Cidade, em que nasci, fermosa,

30 Manuel Sampaio era um amigo e antigo condiscípulo de Coimbra. De notar: a saudade da vida de Coimbra; *aurea mediocritas* (mediania dourada); louvor aos que praticam feitos dignos de memória ou os escrevem; crítica aos que seguem baixos intentos; louvor ao ócio honesto em oposição à vida de ambição; a *aurea mediocritas* e o sábio.
1 — Coimbra. 7 — *Aristipo:* fisósofo grego de Cirene. 10 — *cá:* na cidade. 13 — *Diógenes:* filósofo cínico, muito citado pelos renascentistas. 21 — Sem ouvir falar das guerras entre Carlos V e Francisco I.

Esta nobre, esta cheia, esta Lisboa
Em África, Ásia, Europa tão famosa,
Quão diferente em meus ouvidos soa,
Quão diferente a vejo, do que a vê
5 O esprito enganado, que no ar voa!
Este idólatra povo, que só crê
No tesouro seu Deus, assi se cega,
Qu'em al não cuida, ou escreve, ou fala, ou lê.
Que fé, que sangue já, que amor não nega
10 Pelo seu amor próprio? que alma, ou vida
Lhe não dá, lhe não vende, ou não entrega?
Aquela grã rua nova conhecida
Por todo Mundo, que outra cousa conta
Senão da nau ganhada, ou nau perdida?
15 Ah que triste miséria, ah grande afronta,
Não ousar levantar-se um bom esprito
A outro cuidado, outra mais alta conta!
Quão claro aquele, que ou por feito, ou dito
Deixou nome imortal, e glorioso
20 Exemplo aos seus em proveitoso escrito.
Igualmente direi sempre ditoso,
Ou quem fez cousas dignas de memória,
Ou quem pôs em memória o proveitoso.
Esta é a vida, esta honra, esta é glória
25 Tão amada daqueles, que deixaram
Em guerra e em paz ao Mundo clara história.
Quão pródigos das vidas derramaram
Seu generoso sangue, quão contentes
Por boa morte as vidas venturaram.
30 Roma, a grã Roma Imperatriz das gentes,
Com que a soberba Grécia escureceu?
Com que tornou suas terras obedientes?

6-7 — Crítica à sede do ouro. 12 — *rua nova*: «Tão célebre pelo seu comércio e pelo grandioso dos edifícios» (no século XVI), Herculano. 14 — Só contam os negócios. 18 e segs. — Que ilustre aquele. Tem valor aquele que se imortaliza por feitos ou letras. 29 — *venturaram*: arriscaram. 30 — Roma como exemplo.

Com gloriosa inveja se moveu
Usar das Gregas leis, com sua doutrina,
Com suas próprias armas a venceu.
Com elas todo mar, e terra inclina
5 Às vencedoras Águias, que voando
Levam por todo o Mundo a honra latina.
Àquilo, a que se vão afeiçoando
Nossos olhos, esprito, ou tarde, ou cedo
Nos levam, se os deixamos ir levando.
10 Também tem seu começo o esforço, ou medo,
Seu começo o desejo, ou ódio d'honra,
Vem azos, passa o tempo, não está quedo.
Quem seus olhos alçou àquilo, que honra,
E aceso de sua glória o foi seguindo
15 Té fim, tudo o mais baixo há por desonra.
Quem a vontade assi zombando, e rindo
Deixou levar após seu cego gosto,
De todo mais saber s'está sorrindo.
Vês aquele tornar com ledo rosto,
20 Do sangue, e suor das armas bem corado,
Defendendo o lugar, em que foi posto,
Quão confiado chega, quão olhado
Por onde quer que vai, quão recebido
D'homens, quanto de damas festejado?
25 Vês d'outra parte estoutro, que perdido
Seu tempo, seu desejo, baixo, e vil,
Não entr'aquela gente conhecido?
Tantos dobrões antigos num ceitil
Infame, e vergonhoso se tornaram,
30 Qu'às vezes anda em vão pedindo a mil.
Ambos suas estrelas os levaram.
Mas um seguiu sua boa, outro da má

---

5 — Aos exércitos romanos, 12 — *azos:* ocasiões. 19-24 — É louvado
aquele que seguiu um ideal digno. 25-26 — O que seguiu baixos desejos
perde-se. 31 — *estrelas:* sortes.

Não quis fugir, que elas nenhum forçaram.
Quão caro custa o bem, que o Mundo dá!
Sempre em dor, ah sempre em arrependimento
O mor seu gosto acaba, e acabará.
5 Espritos vagos, vãos, como do vento
Viveis? como seguis quem tanto dana?
Em que assi descansais o pensamento?
Ah, que um só doce canto nos engana
De sereias cruéis, que no mor mal,
10 No mor perigo em vão nos desengana!
Quanto, Sampaio meu, quanto mais val,
Meu bom amigo, um ócio, livre e honesto,
Que as Indias guerrear de Portugal!
India, Guiné, Brasil, e todo resto
15 Do Mundo, a que nos chama, a que convida
Em Mundo, assi ambicioso, e desonesto?
Que bem, que alegria há, que destruída
Não seja de mil males, que em espreita
Parece que tem sempre nossa vida?
20 Busquemos ũa estrada mais direita,
Amigo, com saúde, e com descanso
De vida, inda que humilde, aos Céus aceita.
Do fresco prado pelo rio manso
Em leve barco verde de mil ramos,
25 De mil flores rememos manso, e manso.
Mais ondas, mores mares não queiramos;
Com nossa baixa vela, mas segura,
Cheguemos ao bom porto, a que guiamos.
Tu em castos desejos alma pura
30 Sãmente contemplando, já mais que homem,
No que te deu teu esprito, não ventura;
Eu em quanto uns cuidados cruéis me comem,

---

5 — *do vento:* coisas vãs. 6 — *dana:* prejudica. 12 — *ócio:* sentido latino,
tempo livre para a vida do espírito. 20-28 — *Aurea mediocritas.*

No que me representam enlevado,
Iremos, té que os veja, ou que mos tomem.
Esprito meu, esprito tão cansado,
Descansarias ora, se chegasses
5 Àquele teu bom fim tão desejado.
S'esta minh'alma triste perguntasses,
Sampaio, de que vive, ou em que espera?
Sei que de seus desejos só chorasses.
Quem me dera no Mundo, ah quem pudera
10 Ter contigo ũa vida, qual desejo,
Qu'a ambos prazer, e ofensa a ninguém dera!
Pendurado ando todo d'um desejo.
S'eu algũ'hora o visse, tu verias
O claro fogo, em que arder me vejo.
15 Ó doces, ó ditosos os meus dias,
S'a tal estado chegam, qu'igualmente
Os passássemos inda em alegrias!
Não alegrias, quais as quer a gente,
D'alvoroços, de festas, de pandeiros,
20 Mas d'amor, de prazer, qu'alma só sente.
Ao som das águas, sombra dos ulmeiros,
No doce colo de sua mãe fermosa
Fermosos visse eu inda os meus herdeiros.
Não soberba, não seca, não pomposa,
25 Mas branda, humilde, casta, sábia, e santa,
Fermosa sempre a mim, nunca queixosa.
Já a vejo, já se assenta, já me canta
Ao som da doce lira, os doces cantos,
Que eu não compunha em esperança tanta.
30 Ali vejo acabar meus tristes prantos:
Ali novos prazeres, novas festas
Nascem d'amor, e deleitos santos.

8 — *chorasses*: chorarias. 22-24 — Gosto do aconchego da família.

126

Tu chegas, meu Sampaio, e ali me emprestas
Toda tu'alma, todo teu bom siso,
Com que esta minha vida mais honestas.
Temperas gravemente o solto riso
5 De meu contentamento: e então m'ensinas
Subir por este ao outro Paraíso.
Pisando ora a erva verde, ora as boninas
Roxas, azuis, e brancas desfolhando,
Com histórias humanas, e divinas.
10 Vejo-me estar ouvindo, a ti contando,
Pendendo da tua boca, té que as horas
De mudar o lugar nos vem chamando.
Ajunta o precioso ouro, que adoras,
Avaro cobiçoso, tais riquezas,
15 Que ávidas temes, que perdidas choras.
Procura honras, estados, e altezas,
Ambicioso vão, farta este peito,
Que em fim contigo acabam essas grandezas.
Visse eu do que desejo santo efeito
20 Com saúde, com livros, com meã vida,
Com ter de mim em minh'alma bom conceito;
S'ela mais desejar, não seja ouvida.

31.

A DIOGO BERNARDES
[Extractos]

[...]
A primeira lei minha é, que de mim
Primeiro me guarde eu, e a mim não creia,

---

3 — *honestas:* honras. 13 — Condenação do apego ao dinheiro e às ambições. 19-22 — *Aurea mediocritas.*
31 Neste extracto podem notar-se muitos dos princípios de teorização literária inspirada na *Arte Poética* de Horácio. *Vide* Introdução.

Nem os que levemente se me rim.
Conheça-me a mim mesmo: siga a veia
Natural, não forçada: o juízo quero
De quem com juízo, e sem paixão me leia.
5 Na boa imitação, e uso, que o fero
Engenho abranda, ao inculto dá arte,
No conselho do amigo douto espero.
Muito, ó Poeta, o engenho pode dar-te.
Mas muito mais que o engenho, o tempo, e estudo;
10 Não queiras de ti logo contentar-te.
É necessário ser um tempo mudo!
Ouvir, e ler somente: que aproveita
Sem armas, com fervor cometer tudo?
Caminha por aqui. Esta é a direita
15 Estrada dos que sobem ao alto monte
Ao brando Apolo, às nove Irmãs aceita.
Do bom escrever, saber primeiro é fonte.
Enriquece a memória de doutrina
Do que um cante, outro ensine, outro te conte.
20 Isto me disse sempre ũa divina
Voz à orelha; isto entendo, e creio.
Isto ora me castiga, ora m'ensina.
Cad'um para seu fim busca seu meio:
Quem não sabe do ofício, não o trata,
25 Dos que sem saber escrevem o Mundo é cheio.
S'ornares de fino ouro a branca prata
Quanto mais, e melhor já resplandece,
Tanto mais val o engenho, s'à arte se ata.
Não prende logo a planta, não floresce,
30 Sem ser da destra mão limpa, e regada,
Com o tempo, e arte flor, fruito parece.
Questão foi já de muitos disputada.

---

2 — *Nosce te ipsum:* conhece-te a ti mesmo. 17 — É tradução de Horácio: «*Scribendi recte sapere est et principium et fons*», *Arte Poética.*

S'obra em verso arte mais, se a natureza?
Ũa sem outra val ou pouco, ou nada.
Mas eu tomaria antes a dureza
Daquele, que o trabalho, e arte abrandou,
5 Que destoutro a corrente, e vã presteza.
Vence o trabalho tudo: o que cansou
Seu esprito, e seus olhos, algũ'hora
Mostrará parte algũa do que achou.
A palavra, que sai ũa vez fora,
10 Mal se sabe tornar: é mais seguro
Não tê-la, que escusar a culpa agora.
Vejo teu verso brando, estilo puro,
Engenho, arte, doutrina: só queria
Tempo, e lima d'inveja forte muro.
15 Ensina muito, e muda um ano, e um dia,
Como em pintura os erros vai mostrando
Depois o tempo, que o olho antes não via.
Corta o sobejo, vai acrescentando
O que falta, o baixo ergue, o alto modera,
20 Tudo a ũa igual regra conformando.
Ao escuro dá luz, e ao que pudera
Fazer dúvida, aclara: do ornamento
Ou tira, ou põe: com o decoro o tempera.
Sirva própria palavra ao bom intento,
25 Haja juízo, e regra, e diferença
Da prática comum ao pensamento.
Dana ao estilo ás vezes a sentença,
Tão igual venha tudo, e tão conforme
Que em dúvida estê ver qual deles vença.
30 Mas diligente assi a lima reforme
Teu verso, que não entre pelo são,
Tornando-o, em vez de orná-lo, então disforme.

29 — *estê:* esteja.

O vício, que se dá ao pintor, que a mão
Não sabe erguer da tábua, fuge: a graça
Tiram, quando alguns cuidam que a mais dão.
Roendo o triste verso, como traça,
5 Sem sangue o deixam, sem esprito, e vida:
Outro o parto sem forma traz à praça.
Há nas cousas um fim, há tal medida,
Que quanto passa, ou falta dela, é vício:
É necessária a emenda bem regida.
10 Necessário é, confesso, o artifício:
Não afeitado; empece à tenra planta
O muito mimo, o muito benefício.
Às vezes o que vem primeiro, tanta
Natural graça traz, que ũa das nove
15 Deusas parece que o inspira, e canta.
Qual é a língua cruel, que inda ouse, e prove
Em vão ali seus fios? deixe inteiro
O bem nascido verso, o mau renove.
Não mude, ou tire, ou ponha, sem primeiro
20 Vir aos ouvidos do prudente experto
Amigo, não invejoso, ou lisonjeiro.
Engana-se o amor próprio, falso, e incerto,
Também s'engana o medo de aprazer-se,
Em ambos erro há quase igual, e certo.
25 Por'isto é bom remédio às vezes ler-se
A dous ou três amigos: o bom pejo
Honesto ajuda então melhor a ver-se.
Ali como juiz então me vejo.
Sinto quando igual vou, quando descaio,
30 Quanto doutra maneira me desejo.
Quando eu meus versos lia ao meu Sampaio,
Muda (dizia) e tira: hia, e tornava:

2 — *fuge:* evita. 10-12 — Ornatos sem exagero. 11 — *empece:* prejudica.
31 — *Sampaio:* condiscípulo de Ferreira.

130

Inda, diz, na sentença bem não caio.
O que mais docemente me soava,
O que m'enchia o esprito, por mau tinha,
O que me desprazia me louvava.
5 Então conheci eu a dita minha
Em tal amigo, tão desenganado
Juízo, e certo, em que eu confiado vinha.
Quem d'olhos tantos lido, quem julgado.
De tanto imigo às vezes há-de ser,
10 Convém tempo esperar, e ir bem armado.
Isto me faz, Bernardes meu, temer
No teu, como no meu: não val escusa.
Dói muito ver meu erro, e arrepender:
Quem louva o bom? quem bom, e mau não acusa?
15 Mas tu não tens razão de temer muito,
Assi te alça, e te leva a branda Musa.
Deixa só madurar o doce fruito
Um pouco: deixa a lima contentar-se:
Inventa, e escolhe então o melhor do muito.
20 Eu vejo cada dia acrescentar-se
Em ti fogo mais claro, e o engenho teu
Cada dia mais vivo levantar-se.
Então darás com glória tua o seu
Grã prémio às Musas, que te tal criaram,
25 Vida a teu nome, qual a fama deu
A muitos, que da morte triunfaram.

1 — Não percebo bem o pensamento.

32

A El-REI D. SEBASTIÃO

[*Extractos*]

Rei bem-aventurado, em que parece
Aquela alta esperança já cumprida
De quanto o Céu, e a terra te oferece·
Fermosa planta de Deus concedida
5 A lágrimas d'amor, e lealdade,
Só nosso bem, vida da nossa vida:
Em quanto essa inocente, e branda idade
Por Deus crescendo vai felicemente
Té o Mundo encher de nova claridade:
10 Em quanto este teu povo, e o d'Oriente
Novo acrescentamento por ti esperam
D'outros Reis, d'outra terra, d'outra gente:
Tais promessas os Céus de ti nos deram
No teu tão milagroso nascimento,
15 E esprito igual em ti nelas puseram.
Eu levado d'amor de santo intento
(Quem ant'essa brandura temeria?)
Deter-te com meu verso um pouco tento.
Depois virá um tão ditoso dia,
20 Que as tuas Reais Quinas despregadas
Na multidão de toda a Barbaria,
As vitoriosas frotas carregadas
Das cativas coroas, e bandeiras,
D'outro esprito maior sejam cantadas.
25 Agora ouve, Senhor, as verdadeiras
Guias, que levam os Reis a essa alta glória,
Não duras armas só, velas ligeiras.

---

32 De notar: a grande esperança depositada em D. Sebastião; o rei deve considerar todos os súbditos iguais perante a lei; o rei é homem como os outros homens, está sujeito à lei de Deus; o rei deve ser justo e generoso nas acções, para ser amado pelo povo e dignamente celebrado.
1-16 — *alta esperança*. No século XVI vê-se muitas vezes expressa esta esperança, por exemplo, em *Os Lusíadas*, I, 6-18; X, 155-156. 7 — *branda idade:* tenra idade. 19-24 — Este vaticínio não foi confirmado. Diogo Bernardes, que seguia para imortalizar as vitórias de D. Sebastião, ficou prisioneiro depois de Alcácer-Quibir.

Quantas armadas conta a antiga história,
Quantos grandes exércitos perdidos
A mais poucos deixaram já vitória!
Esses tanto no Mundo conhecidos,
5 Cujos nomes venceram tantos anos,
Não foram só por força obedecidos.
Não se sogigam corações humanos
De boa vontade a força, um peito aberto
Os vence de bom amor, sem arte, e enganos.
[...]
10 Aquele, que suavemente ordena
Todas as cousas, olha com que amor
Paga o bem logo, e devagar condena.
Não se acha ali respeito, não favor,
Tanto val cada um, quanto merece,
15 Iguais ant'ele são servo, e senhor.
Olha-te bem, grã Rei, e a ti conhece
Nascido só para reger a tantos,
E dessa grande alteza ao teu fim dece.
Ver-te-ás igual na humanidade a quantos
20 Mandas, verás o fim tão duvidoso,
Como quem também morre, e nasce em prantos.
Que presta ser na terra poderoso,
S'o alto fim do Céu se põe em sorte,
Que té ao Filho de Deus foi tão custoso?
25 Corte o bom rei primeiro por si, corte;
Mais vence o exemplo bom que o ferro, e fogo,
Não pode errar quem contra si é forte.
Nem a própria afeição, nem brando rogo
Tire a força à razão, e à igualdade:
30 Não se lhe faça sempre falso jogo.
Somente em Deus razão é a vontade.

---

5 — Se imortalizaram. 7 — *sogigam:* subjugam. 19 — *humanidade:* condição humana. 22 — Que aproveita.

Absoluto poder, não o há na terra,
Qu'antes será injustiça, e crueldade.
Que vontade mortal, Senhor, não erra,
S'a lei justa, e a razão a não enfreia?
5 De que nasce a injusta, e cruel guerra?
Em seu peito cada um pinta ũa Ideia.
À qual ou mal, ou bem se s'afeiçoa,
Assi lhe sai fermosa, ou lhe sai feia.
A boa guia é a inclinação boa,
10 A qual nasce do claro entendimento,
E com fácil discurso ao melhor voa.
Tanto val, tanto pode o santo intento,
Que só por si honra, e louvor merece,
E a obra, que val dez, faz valer cento.
15 E quando humanamente erro acontece,
(Quem pode acertar sempre?) a culpa é leve;
E todo bom juízo a compadece.
Que justiça será, que não releve
Não sair à vontade a obra igual,
20 Pois pelo intento só julgar se deve?
No livre peito, e coração Real
Estê o bem comum sempre fundado,
Não pode de tal fonte manar mal.
Ama o povo o bom Rei, e é dele amado,
25 Ledo, e fácil em crer, e em julgar bem,
Imigo de todo ânimo dobrado.
Sempre a mão larga, sempre aberto tem
O generoso peito ao prémio justo,
E triste, e vagaroso à pena vem.
30 Este é chamado bom, e grande, e Augusto,
Da pátria pai, prazer, e amor do Mundo,
Mortal imigo do tirano injusto.

---

6 — *pinta:* representa. 11 — *discurso:* raciocínio. 22 — *estê:* esteja. 26 — *dobrado:* fingido.

Este logo d'um alto, e d'um facundo
Engenho té às estrelas bem cantado
Voando vai na terra sem segundo.
Tal nos cresce, grã Rei, por Deus cá dado,
5 Inda maior que as nossas esperanças,
Maior que tua estrela, e alto fado.
Cedo teu esprito vencerá as tardanças
Da tenra idade, e cedo renovando
Irás dos altos Reis altas lembranças.
10 Começa-te já agora ir costumando
A pôr em nós teus olhos Reais serenos,
O mansíssimo avô teu imitando
Inteiro aos grandes, humano aos pequenos.

33.

AO CARDEAL INFANTE D. ANRIQUE, REGENTE
[*Extractos*]

[...]
Mas nem por isso logo o povo chame
15 Vãs outras letras, e o honesto exercício
Das brandas Musas tão mal julgue, e infame.
Em nenhum estudo bom pode haver vício.
As artes entre si se comunicam.
Casa ũa ajuda à outra em seu ofício.
20 De areia, e cal, e pedra, os que edificam
(Baixas, mas necessárias miudezas)
As torres erguem, que tão altas ficam.
Tem também seus princípios as grandezas,

9 — *Os Lusíadas, ibidem.* 12 — D. João III. 13 — Severo com os poderosos, amigável com os pequenos.
33 De notar: o valor das letras na sociedade; a existência de letrados justos e injustos, cabendo ao rei julgá-lo; os poetas aspiram à glória e são os doadores de glória; conceda-se o valor social à poesia e às artes: floresçam no tempo do infante D. Henrique.
16 — *brandas Musas:* poesia.

E às cousas grandes pequenas ajudam.
Boas letras, Senhor, não são baixezas.
Para o público bem também estudam,
E cantam os bons poetas, deleitando
5 Ensinam, e os maus afeitos em bons mudam.
E às vezes aos Reis vão declarando
Mil segredos, que então só vem, e sabem,
Mil rostos falsos, línguas más mostrando.
Em poucas bocas as verdades cabem.
10 Terão às vezes a culpa os ouvidos.
Os versos ousam, e em toda parte cabem,
Dos bons amados, e dos maus temidos.
Assi é a justiça, assi a verdade:
Assi sejam também favorecidos.
15 Usem de sua honesta liberdade
Rindo do povo chamar só letrados
Os que conselham roubo, e crueldade.
Ou outros, que se fazem afamados
Julgando, e interpretando duramente,
20 Dos inocentes fazendo culpados.
Outro se vende por piadoso à gente,
Deixa o delito passar sem castigo,
Da vã piedade usando cruelmente.
Também, senhor, contra mim falo, e digo,
25 Qu'em nossas letras não está a justiça:
Está num peito da justiça amigo.
Não tiram a ambição, não a cobiça;
Se acrescentam, duvido: cada um veja
Quem lhe vence o trabalho, e engenho atiça.
30 Seja mais rigoroso o exame, e seja
Grande das letras; maior do letrado,
Saiba-se o fim, que o leva, e o que deseja.

---

5 — *afeitos:* afectos, paixões. 16 — *letrados:* conotação pejorativa, maus letrados.

Da Pátria pai será o Rei chamado,
Que a justiça começa dos que a tratam,
Antes de ser do povo provocado.
Onde todos se roubam, e se matam,
5 Defende-se cada um da força injusta,
E os que mais podem, seus imigos atam.
Nós, que vivemos por regra tão justa,
Que os mesmos Reis às suas leis s'obrigam,
Remédio temos certo, e a pouca custa.
10 Que mal é, que os Poetas isto digam?
Se o mal reprendem, à virtude inclinam,
Porque assi injustamente os mal persigam?
Almas indoutas, que cá peregrinam
Cativas em seus corpos, e forçadas,
15 A nenhum bem, nenhum saber atinam.
Deixemos estas já em vida enterradas,
Que os olhos abrem somente ao proveito,
Como s'à terra só fossem criadas.
O bem nascido esprito, e culto peito
20 Mais deseja, mais quer, mais alto voa,
Mais glorioso propõe seu obgeito.
À glória, à fama, à triunfal coroa
Aspira; à alta trombeta, e vivo canto,
Em que no Mundo o grande Aquiles soa.
25 Não há tão humilde esprito, não tão santo,
Que não ame sua glória: e quem não pede
O louvor de suas obras tanto, ou quanto?
Desejo é natural, que não impede,
Mas acrescenta a virtude louvada,
30 E a torpeza, e preguiça d'alma espede.
De que vem tanta insígnia em armas dada?
Tantas capelas cheias de letreiros?

---

21 — *obgeito:* objecto. 22 — Estímulo de glória. 24 — Aquiles, cantado na *Ilíada.*

E a triste sepultura tão dourada?
Mais gerais, mais constantes pregoeiros
São os bons versos, que contino falam,
E duram té os dias derradeiros.
5 Nem as vitórias, nem as grandezas calam
Dos claríssimos Reis de glória dinos,
E o passado ao presente tempo igualam.
Chamados foram os Poetas divinos.
(Quem tal, que tal furor não mova, e espante?)
10 Mas quantos foram de tal sorte indinos!
A quem esprito, e boca, com que cante
Altas grandezas os Céus concederam,
E que em mor voz, que humana se levante,
A este Apolo, e às Musas só teceram
15 Verde coroa; a este justamente
A honra, e nome de Poeta deram.
Pois entre tanta confusão de gente,
Que a República cria, quem mal nega
Lugar honesto a esprito assi excelente?
20 Quando se romperá esta nuvem cega,
Que o cobiçoso vulgo veja, e entenda
Qu'outro saber há mais, que o em que se emprega?
Determine a razão esta contenda:
O mau juiz rouba, o mau médico mata;
25 O mau Poeta enfade antes, que ofenda.
Dêmos bons todos: a razão não ata.
Mais a justiça val, mais a saúde:
Mas nem por ouro se despreza a prata.
Nem tira à mor virtude a outra virtude
30 Seu preço, antes s'abraçam, e entre si s'amam,
Porque ũa irmãmente à outra ajude.
As artes, que mecânicas se chamam,

3-4 — Os versos dão glória duradoura. 32 e verso seg. — As artes mecânicas não eram apreciadas.

Baixas parecem; mas dão ornamento
Às ilustres Cidades, e as afamam.
O raro esprito, que de cento, em cento
Anos, e inda mais tarde o Céu nos cria,
5 Em desprezo estará, e esquecimento?
Perdão ao condenado concedia
A lei (assi os intérpretes o entendem)
Se n'algũa arte aos outros excedia;
Entendam mal, ou bem, certo compreendem
10 Por boa razão quanto favor merece
A rara arte, que assi tão bem defendem:
Quem isto afirma, e julga, ind'escurece
Das castas Musas os santos estudos?
Inda seus louros lhes não oferece?
15 Destes espritos nesta parte rudos
As devem defender, Príncipe raro,
Os que lhes podem ser firmes escudos.
Inda o Sol resplandece hoje tão claro.
Inda as estrelas não perderam lume:
20 Não falta engenho, não faleça emparo.
Vence tu novamente o mau costume:
Vivam por ti, e floreçam as boas artes,
Que o tempo vencem, que tudo consume.
Reforma, grã Senhor, em todas partes
25 Este Reino, que em ti espera e confia,
Porque igualmente todo te repartes.
Às Musas se perdoe esta ousadia.
Acostumadas a Reais favores,
Não percam em ti a antiga sua valia.
30 Não fazem dano as Musas ós Doutores,
Antes ajuda a suas letras dão:
E com elas merecem mais favores,
Que em tudo cabem, para tudo são.

2 — *afamam:* tornam famosas. 11 — Deve ser defendida a poesia. 23 —
Que são imortais. 30 — Ficou proverbial este verso do poeta.

34.

A LUÍS GONÇALVES DA CÂMARA, MESTRE DE EL-REI D. SEBASTIÃO

[*Extractos*]

Porque não ousarei livre contigo,
Claríssimo Luís, esprito puro,
Só da virtude, e da verdade amigo,
Porque não ousarei em tanto escuro
5 Mostrar a clara luz, que tu descobres,
Tomando-te por guia, e por meu muro?
São da terra os tesouros assaz pobres,
Estes desprezas, mostras os divinos
Dões do Céu, quanto em ti mais os encobres.
10 Foram por ti os nossos tempos dinos
De ver àquela Ideia um Rei formado,
De que tantos atrás foram indinos.
Porque foi de Filipe festejado
Do seu grande Alexandre o nascimento,
15 Senão só pelo mestre, a que foi dado?
Quem não vê o geral contentamento
Das altas esperanças, em que crias
Ao Mundo ũa nova luz, novo ornamento?
Chegue SEBASTIAM onde o tu guias
20 Igualmente entr'as armas, e entr'as artes,
Nascer-nos-hão outros mais claros dias.
Assi o Real esprito lhe repartes
Por todas as virtudes, e exercícios,
Que inteiro, e todo está em todas as partes.
25 Seus tempos, seus lugares, seus ofícios
Conhecendo, usará de cada cousa

---

34 De realçar o louvor à educação dada ao rei D. Sebastião por Luís Gonçalves da Câmara: educação baseada nas virtudes estóico-cristãs. 2 — *claríssimo:* ilustríssimo. 6 — *muro:* defesa. 9 — *Dões:* dons. 11-13 — Filipe da Macedónia entregou seu filho Alexandre, para ser educado, a Aristóteles.

Sàmente, sem estremos, e sem vícios.
Aquele heróico ardor, que não repousa,
Naturalmente à fama, e glória erguido,
Sem Deus diante, a nada passar ousa.
5 Dos ardentes efeitos seus movido
Tu lhe pões logo diante o santo obgeito,
A que o intento são vá dirigido.
Não se pode forçar o altivo peito,
Que arde em desejos de Reais grandezas;
10 Mas pode-se à razão fazer sogeito.
Aquelas tão cantadas estranhezas
Do soberbo Alexandre não contente
D'um Mundo só, as pródigas larguezas
Não o fizeram grande, a quem bem sente
15 Da natural razão alguã parte,
Que força e tirania não consente,
Por outra via levas, por outra arte
Encaminhas, Luís, o Real esprito,
Com Febo temperando a ira a Marte.
20 Aquele alto preceito, e grave dito
O Reino do Senhor buscai primeiro;
Lhe tens lá dentro na su'alma escrito.
Fazes um Rei Cristão, Rei verdadeiro,
Que a si reja primeiro, a si obedeça,
25 Porque dos outros seja Rei inteiro,
No qual o Mundo veja, e reconheça
Que ũa cousa é espantoso, outra é ser grande,
E dê a cad'um o nome que mereça.
Mostras-lhe quão errada cá a fama ande,
30 Que honra o que o alto Deus culpa, e reprova,
Porque outro esprito mor dos Céus lhe mande.
Quem a Alexandre deu mais certa prova

6 — *obgeito:* objecto. 10 — *sogeito:* sujeito. 19 — *Febo:* símbolo das letras; *Marte:* das armas. 24 — Sábio no conceito estóico-cristão. 25 — *inteiro:* íntegro, justo.

Desta verdade clara, que um pirata
Com sua resposta tão livre, e tão nova?
Se por roubar com ũa vela a prisão me ata,
Tu, que com tantas roubas, que justiça
5 D'outras mores cadeias te desata?
Ah que não ambição, força, e cobiça
Dão ao Rei nome de grande, e Augusto,
Nem tudo o mais, que a tirania atiça.
Então será o Rei grande, se for justo,
10 Ou defendendo bem o bem ganhado,
Ou despojando o ocupador injusto.
Não há outra boa estrela, ou outro fado,
Senão com as partes, que um Rei grande fazem,
Com essas ter seu nome conservado.
15 A quem as Reais virtudes não aprazem?
Digo a clemência, a liberalidade,
Que entre os tiranos tão escuras jazem!
Aquela graciosa humanidade
De não deixar ninguém ir de si triste,
20 Aquela fé Real, firme verdade:
A que Príncipe nunca estes dões viste,
Que de troféus não enchesse a terra?
Que Rei assi a fortuna não resiste?
Sempre felice em paz, felice em guerra,
25 Amado do seu povo, e obedecido,
Por amor, e ninguém por temor lhe erra,
Também lhe mostras como é mais seguido
O exemplo do Príncipe, que a dura
Força de lei, ou prémio prometido.
30 Boníssimo Luís, a tua brandura
Me leva a tanto. Eu vejo um grã perigo,
Que todo Império põe em aventura.

---

3 — *ata:* aprisiona. 13 — *partes:* dons, qualidades. 18 — *humanidade:*
bondade. 28 — Vale mais o exemplo do rei do que a força da lei.

Por proveito comum, Senhor, o digo.
Acuda o Rei com seu Real exemplo,
Acuda com severo seu castigo.
Aquela antiga idade, que contemplo
5 Dos nossos afamados Portugueses,
Dos quais erguido vês um, e outro templo,
Suas lanças, seus cavalos, seus arnezes
Por só seus jogos, e delícias tinham,
As couraças, adargas, e padeses.
10 Trajos limpos, e honestos, quais convinham
À boa temperança, e fortaleza,
Com que mais duros ós trabalhos vinham.
Tendo a mediocridade por riqueza,
Todo o sobejo fausto aborreciam.
[...]

35.

A FRANCISCO DE SÁ DE MIRANDA
[*Extractos*]

15 Antes que minha sorte impida, ou mude
A ocasião de praticar contigo,
Mestre das Musas, mestre da virtude,
Antes que o tempo a todo bem imigo
Me desvie forçado, onde eu já vejo
20 Minha vida sem gosto, alma em perigo,
Consente-me fartar este desejo,
Ó Francisco só livre, e só ditoso,
Em quanto a carta ao longe não tem pejo.
O tempo escuro, e triste, e tempestoso
25 Mal ameaça; assi viste o passado,

9 — *padeses:* escudos. 4-14 — Propõe como exemplo o procedimento dos antigos reis.
35 De notar: louvor a Sá de Miranda pela sua conduta filosófico-moral e por ser o introdutor da Escola Italiana em Portugal; referência aos seus seguidores e ao desconcerto dos valores.
15 — *impida:* impeça.

E vês inda o por vir mais perigoso.
Chamar-t'ei sempre bem-aventurado,
Que tanto há, que em bom porto com essas santas
Musas te estás em santo ócio apartado.
5 Não esperas, nem temes, nem te espantas,
Sempre em bom ócio, sempre em sãos cuidados
A ti só vives lá, e a ti só cantas.
Os olhos soltos pelos verdes prados,
O pensamento livre, e nos Céus posto,
10 Seguros passos dás, e bem contados.
Trazes ũa alma sempre num só rosto,
Nem o ano te muda, nem o dia;
Um te deixa Dezembro, um te acha Agosto.
Quão alta, quão Cristã filosofia
15 De poucos entendida nos mostraste,
Que caminho do Céu, que certa guia!
De ti fugiste, e lá de ti voaste,
Lá longe, onde teu esprito alto subindo
Achou esse alto bem, que tanto amaste.
20 Novo Mundo, bom Sá, nos foste abrindo
Com tua vida, e com teu doce canto,
Nova água, e novo fogo descobrindo:
Não resplandecia antes o Sol tanto.
Não era antes o Céu tão lumioso,
25 Nem nos erguia o esprito em seu espanto.
Contigo nos nasce o ano mais fermoso,
Mais rosada, e mais loura a Primavera,
Com sêo de alvas flores mais cheiroso.
Por toda a parte o Louro abraça a Hera,
30 Por toda a parte rios, e águas claras,
E outra mor natureza já da que era.
Tu as fontes abriste, os Céus aclaras,

11 — «Homem de um só parecer», Sá de Miranda. 20-27 — versos céle-
bres em louvor de Sá de Miranda e do *dolce still nuovo*.

144

Às estrelas dás luz, vida aos Amores,
Santos amores d'ũas Ninfas raras.
Levantas sobre Reis, e Imperadores
Ao som da lira doce, e grave, e branda
5 A humildade inocente dos Pastores.
Por onde vai teu esprito, por hí anda
Sempre firme teu pé, e o peito inteiro;
Obedece a vontade, a razão manda,
Nem ao Rei, nem ao povo lisonjeiro.
10 Nem odioso ao Rei, nem leve ao povo,
Nem contigo inconstante, ou tençoeiro.
Neste Mundo por ti já claro, e novo
Já uns espritos s'erguem no teu lume,
Por quem eu, meu Sá, vejo, e meus pés movo.
15 Já contra a tirania do costume,
Que té qui como escravos em cadeias
Os tinha, subir tentam ao alto cume
Do teu sagrado monte, donde as veias
Desse licor riquíssimas abriste,
20 De que já correm mil ribeiras cheias.
Ali teus passos por onde subiste
A tão alta virtude, e tanta glória,
Medindo iriam, como os tu mediste.
Inda seguindo a tua clara história,
25 Que em vida de ti lemos, algum esprito
Com teu nome honraria sua memória.
Mas ah tempos cruéis! (soe meu grito
Por todo Mundo) mas ah tempos duros,
Em que não soa bem o bom escrito!
30 Eu vejo um vale, e um monte, onde seguros,
Onde sãos, e quietos os meus dias
Teria em ócio bom, cuidados puros.

---

11 — tençoeiro: desavindo. 13-26 — Refere-se aos seguidores de Sá de
Miranda: Ferreira, Bernardes, Caminha, etc. 19 — *licor:* inspiração. 27 e
segs. — Desconcerto de valores.

Mas chama o Mundo vãs filosofias
A virtude, o repouso, a liberdade;
E as santas Musas são fábulas frias.
É fraqueza do esprito a humildade,
5 O ser do homem são honras, são riquezas,
E subir onde mais voa a vontade.
Levantar os espritos a grandezas,
Entrar Cidades, e mostrar vencidos
Imigos mil, queimando as fortalezas,
10 Ser de Príncipes grandes conhecidos,
Ao Rei aceitos, à gente espantosos,
Ou por temor, ou por amor seguidos.
[...]

36.

A D. SIMÃO DA SILVEIRA

D. Simão da Silveira (este só nome
Passe por claro título, em quem Marte
15 Sempre igual honra, igual Apolo tome.)
As vitoriosas armas a de parte
Do ilustre sangue teu sempre esparzido,
Com esprito, e fim só posto em melhor parte:
Em quanto aos claros feitos mais devido
20 É o teu raro, e grave, e doce canto,
Em quanto do alto lume o meu vencido,
Nas brandas Musas, que tu honras tanto,
Mal o humilde meu verso se despeja
Furtado ora a suspiros, ora o pranto.
25 Quem poderia ser qual se deseja?

36 De notar: louvor a Simão da Silveira por aliar em si as armas e letras;
armas e letras (e razão) devem completar-se; a poesia bucólica e épica, a
escola italiana; rejeição da tradição medieval e apego ao *dolce still nuovo;* exortação ao exercício do novo gosto literário.
14-15 — Ainda o tema armas-letras. 16 — *a de parte:* afora.

Boa parte porém dá, quem dá a vontade,
Inda que a alguns de pouco fruito seja.
Porque, pois arde esta ditosa idade
Em outro novo fogo, em melhor lume,
5 Que já o Mundo encheu de claridade,
Terá tão dura força o mau costume,
Que té às suas leis os bons espritos,
Que o Céu livre nos dá, força, e consume?
Deixaram boa matéria a altos escritos
10 Nossos Passados: não lhes tiro a fama,
Mais dados a bons feitos, que a bons ditos.
Mas se nos nasce agora ũa nova chama,
Que a sua sombra alumia, quem acusa
A clara luz, e a sombra antiga inda ama?
15 Vê-se já Marte junto à branda Musa:
Dantes todo diamante, e malha, e aceiro,
Sem esperar tempo, ou receber escusa.
Posto à fortuna todo aventureiro
Imigo de piedade, e de brandura,
20 Tal era o Capitão, e o Cavaleiro.
Eis já aquela brutal fereza dura,
Da branda humanidade temperada,
Que às armas deu sua própria fermosura.
Eis Minerva de Marte namorada,
25 Ele ós seus brandos olhos mil perigos
Rompe com a forte lança, e aguda espada.
A Deusa canta, ele arde: em tanto imigos
Mil, e mil deixam armas, e bandeiras,
A soberbos feroz, brando ós amigos.
30 As fábulas antigas lisonjeiras
Ao pio Troiano, ao Grego forte
Brandas Deusas não dão por companheiras?

9 — *matéria:* assunto. 15 — Personificação em Marte e Musa da aliança entre armas e letras. 28 — *mil:* inumeráveis. 31 — *Troiano:* Eneias; *Grego:* Aquiles.

Nem tudo há-de ser ferro, e fogo e morte.
Ociosa nos foi logo esta vida,
Se toda há de pender de fúria, e sorte.
Haja a Razão lugar, seja entendida.
5 Fiquem aos Leões a força, e a braveza,
Que em fim d'arte a grande Hidra foi vencida.
Mansos nos criou a mansa Natureza.
Ira a guerra pariu, ira armas gera.
Ira chamou à boa razão fraqueza.
10 Inda naquela idade inculta, e fera,
Às forças toda dada, um esprito raro
Piedoso templo ao brando Apolo erguera.
Santo DINIS na Fé, nas armas claro,
Da pátria pai, da sua língua amigo,
15 Daquelas Musas rústicas emparo.
Com mágoa o cuido, ah com mágoa o digo.
Como um povo em seu bem sempre constante
Veio assi ser da sua língua imigo?
Quem ao Grego deu voz, que soe, e cante
20 Tão altamente? quem ao bom Latino
Com que já Grécia iguale, e o Mundo espante?
Quem senão arte, e uso, um só divino
Engenho, que inflamado em novo fogo
Ousou roubar o canto peregrino?
25 Os Pastores primeiro em festa, e em jogo
D'espigas coroados em suas canas
Seus Deuses invocavam a seu vão rogo.
D'ali vem Ninfas, Faunos, e Dianas,
Musas, Graças, e Vénus, os Amores,
30 Crecem com tempo as invenções humanas.
Eis depois Capitães, e Imperadores
Entr'armas, e estandartes tão cantados,

6 — Vencida por Hércules. 12 — *Piedoso templo:* Universidade, fundada por D. Dinis. 18 — Censura o pouco amor à língua portuguesa. 25-29 — Poesia bucólica. 31-32 — Poesia épica.

Eis públicos teatros ós Cantores.
Não correm sempre os Céus iguais: seus fados
Teve já Grécia, e Roma; acabou tudo.
Perderam-se os bons cantos com os estados.
5 Ficou o Mundo um tempo frio, e mudo:
Veio outra gente, trouxe outra arte nova,
Em que alçou ora som grave, ora agudo.
Chamou o povo à sua invenção trova,
Por ser achado consoante novo,
10 Em que Espanha téqui deu alta prova.
Eu por cego costume não me movo:
Vejo vir claro lume de Toscana,
Neste arço; a antiga Espanha deixo ao povo.
Ó doce Rima! mas inda ata, e dana,
15 Inda do verso a liberdade estreita,
Em quanto com som leve o juízo engana.
Não foi a consonância sempre aceita
Tão repetida, assi como a doçura
Contínua o apetite cheio enjeita.
20 Mas soframo-la, em quanto ũa figura
Não vemos, que mais viva represente
D'aquela Musa antiga a boa soltura.
Esta deu glória à Italiana gente:
Nesta primeiro ardeu cá o bom Miranda:
25 Vivam Lasso, e Boscão eternamente.
Já com suas Ninfas Febo entre nós anda,
Já a lira as nossas sombras encordoa,
Responde o vale, e o bosque à sua voz branda.
Porque mais Mântua, e Esmirna que Lisboa,
30 Se o claro Sol seu lume nos não nega,
Terá (se s'arte usar) maior coroa?
Haja estudo, haja uso, não haja cega

6-8 — Exposição do novo ideal artístico. 12 — *Toscana:* de Itália. 13 —
antiga Espanha: tradição peninsular. 24 — Sá de Miranda, introdutor da
Escola Italiana em Portugal. 25 — *Lasso, Boscão:* Garcilaso, Boscán. 29
— *Mântua, Esmirna:* Virgílio, Homero. Sinédoque muito usada pelos
renascentistas: a terra pelo autor.

Ousadia, na fonte beberemos,
Donde o doce licor mil campos rega,
Porque, ó Simão, porque não ousaremos,
O que tantos ousaram? em tanta míngua
5 Té quando descuidados viveremos?
Deu-nos o Céu espritos, não nos mingua
Mais que mestre, e uso: Ferrara ou Florença
Quão rica teve em seu começo a língua?
Geralmente foi dada boa licença
10 Às línguas: ũas às outras se roubaram:
Só o bom esprito faz a diferença.
Quantos antes de Homero mal cantaram!
Quanto tempo Sicília, quanto Atenas,
Que depois tal som deram, se calaram!
15 Não criou logo Roma as altas penas,
Com que de boca em boca foi voando,
Iguais fazendo às armas as Camenas.
E nós inda estaremos duvidando?
E o vivo fogo, que se em nós levanta,
20 A outra língua, ah cruéis, iremos dando?
Docemente suspira, doce canta
A Portuguesa Musa, filha, herdeira
Da Grega, e da Latina, que assi espanta.
Vá sempre vitoriosa a alta bandeira
25 Ao som da nova lira, em paz, e em guerra,
Vá Lusitânia, se puder, primeira.
Ó raro esprito, que da baixa terra
Ao Céu voando vás aceso em glória
Longe do cego vulgo, que sempre erra:
30 Acrescenta dos teus à clara história
Brandas Musas. Eu vejo o glorioso
Grã Conde encomendar-te sua memória.

---

7 — *Ferrara ou Florença:* o renascimento vindo de Itália. 17 — *Camenas:*
musas. 22 — A poesia portuguesa. 29 — *cego vulgo:* vulgo profano. 32 —
Grã Conde, pai de D. Simão.

Claríssimo Luís, raio lumioso,
Marte nas armas, Apolo entr'as Musas,
Mas por ti, Simão, inda mais ditoso.
Ao som da lira, de que tão bem usas,
5 Vai a verde Hera entretecendo o Louro,
Que já honrou Mântua, Esmira, e Siracusas.
Em ti nos mostra Apolo o seu tesouro.

5 — *Hera, Louro:* símbolos, respectivamente, do poeta menor e do
grande poeta.

37.

A EL-REI D. DINIS

Quem é este de insígnias diferentes,
Ceptro, e picão, e livro, e espada, e arado?
Este foi paz de Reis, e amor das gentes,
Grande Dinis, Rei nunca assaz louvado.

5 Outros foram nũa só cousa excelentes:
Este com todas nobreceu seu estado.
Regeu, edificou, lavrou, venceu,
Honrou as Musas, poetou e leu.

38.

AO PRÍNCIPE D. JOÃO

Em paz, e em guerra ũa esperança grande
10 Príncipe João, filho de João terceiro,
De Carlos genro, a que outro igual Deus mande,
Despojo de Joana, e amor primeiro;

Dor, que o tempo, nem ela quer que abrande,
Dos tristes pais, e Rei único herdeiro,
15 Cobre esta pedra moço em flor cortado,
Que mais pudera dar do que tem dado?

37 Epitáfio é um escrito breve, em prosa ou em verso, em louvor de uma pessoa falecida. Neste caso referente épico.
2 — Relação com os versos 7 e 8.
38 O príncipe D. João casou com D. Joana, filha de Carlos V. Pela sua prematura morte (1554), 18 dias antes do nascimento do seu filho, futuro rei D. Sebastião, foi lamentado em muitas composições dos poetas quinhentistas.

CASTRO

TRAGÉDIA

PESSOAS DA TRAGÉDIA

amantes {

—*Castro* (Inês de Castro)
Ama
Coro das moças de Coimbra
—*Infante D. Pedro*
Secretário seu
El-Rei D. Afonso IV
Pêro Coelho
Diogo Lopes Pacheco
Mensageiro

CASTRO   AMA   CORO

CASTRO

Colhei, colhei alegres,
Donzelas minhas, mil cheirosas flores
Tecei frescas capelas
De lírios, e de rosas; coroai todas
5 As douradas cabeças.
Espirem suaves cheiros,
De que s'encha este ar todo.
Soem doces tangeres, doces cantos.
Honrai o claro dia,
10 Meu dia tão ditoso! a minha glória
Com brandas liras, com suaves vozes.

AMA

Que novas festas, novos cantos pedes?

CASTRO

Ama, na criação ama, no amor mãe,
Ajuda-m'ao prazer.

---

1 — D. Inês fala directamente ao coro. 10 — *glória:* felicidade.

Novos estremos vejo.
Nas palavras prazer, água nos olhos.
Quem te faz juntamente leda, e triste?

CASTRO

Triste não pode estar quem vês alegre.

AMA

5 Mistura às vezes a fortuna tudo.

CASTRO

Riso, prazer, brandura n'alma tenho.

AMA

Lágrimas sinais são da má fortuna.

CASTRO

Também da boa fortuna companheiras.

AMA

À dor são naturais.

CASTRO

E ao prazer doces.

1 — *estremos:* efeitos contrários do estado amoroso. 5 — *fortuna:* má fortuna. Tom sentencioso.

AMA

Que força de prazer tas traz aos olhos?

CASTRO

Vejo meu bem seguro, que receava.

AMA

Que novo caso foi? que bem te veio?
Porque me tens suspensa?
5 Abre-me já, Senhora, essa alma tua,
O mal s'abranda, o bem contando-o cresce.

CASTRO

Ó ama, amanheceu-me um alvo dia.
Dia de meu descanso. Sofre um pouco
Repetir de mais alto a minha história,
10 Em quanto o esprito ledo co a lembrança
De seu temor, de que já está seguro,
Ajunta ao mal passado o bem presente.
Daquele grande Afonso forte, e santo
Por poderosa mão de Deus alçado
15 Entre armas, ant'imigos o Real ceptro
Do grande Portugal, que inda está tinto
Do sangue de infiéis por seu bom braço,
Por legítima herança rege, e manda
O bom velho glorioso da vitória,
20 E nome do Salado, Afonso Quarto,
Dos Reis de Portugal sétimo em ordem,

---

2 — Motivo de temor-segurança. 7 — *alvo:* feliz. 11 — Temor-segurança.
13 — D. Afonso Henriques. 20 — *Salado:* batalha importante na recon-
quista cristã da Península.

Filho do grande Dinis, de Isabel santa,
Ambos já no alto Céu claras estrelas.
Cuja alta casa, e acrecentado Império
Pelos grandes avós espera alegre
5 Seu desejado herdeiro o Infante Pedro,
Meu doce amor, minha esperança, e honra.
Sabes como, em saindo dos teus braços,
Ama, na viva flor da minha idade,
(Ou fosse fado seu, ou estrela minha)
10 Cos olhos lhe acendi no peito fogo,
Fogo, que sempre ardeu, e inda arde agora
Na primeira viveza inteiro, e puro.
Por mim lhe aborreciam altos estados.
Por mim os nomes de Princesas grandes,
15 Por tão grande me havia nos seus olhos.
Um tempo duro, mas em fim forçado
Deu a Costança a mão, Costança aquela
Por tantas armas, e furor trazida,
Já quase do seu fado triste agouro:
20 Deu a Costança a mão, mas a alma livre,
Amor, desejo, e fé me guardou sempre.
Quantas vezes quisera honestamente
Podê-la dar a mim! quantas mais vezes
S'arrependeu depois de se ver preso!
25 Não lhe apagou o amor a nova esposa;
Não o tão festejado nascimento
Do desejado parto: antes mais vivo
Co tempo, e co desejo ardia o fogo.
Que fará? se o encobre, então mais queima.
30 Descobri-lo não quer, nem lhe é honesto.
Mas quem o fogo guardará no seio?
Quem esconderá amor, que em seus sinais

---

2 — *estrelas:* motivo já da literatura latina. 3 — *cuja:* de D. Afonso IV. 9
— *fado, estrela:* um dos elementos da tragédia, mas sem a importância do
Destino nas tragédias gregas (Ver Introdução). 17 — *Costança:* D. Constança Manuel, filha do Infante D. Manuel. 27 — Nascimento de D. Luís.

A pesar da vontade se descobre?
Nos olhos, e no rosto chamejava.
Nos meus olhos os seus o descobriam.
Suspira, e geme, e chora, a alma cativa
5 Forçada da brandura, e doce força,
Sujeita ao cruel jugo, que pesado   *opression.*
A seu desejo sacudir deseja.
Não pode, não convém: a fúria cresce.
Lavra a doce peçonha nas entranhas.
10 Os homens foge, foge a luz, e o dia.
Só passeia, só fala, triste cuida.
Castro na boca, Castro n'alma, Castro
Em toda parte tem ante si presente.
Ele à mulher cuidado, eu ódio, e ira.
15 Arde o peito a Costança em furor novo.
Nem me ousam descobrir, nem vedar nada.
D'antiga Casa Castro em toda Espanha,
Já dantes do Real ceptro deste Reino
Por grande conhecida, inda meu sangue
20 Do Real sangue seu tinha grã parte.
Mas inda à natureza dobram força,
Arte ajuntando, e manha: el-Rei ao neto
Por madrinha me dá, comadre ao filho.

AMA

Cegos, que quanto mais vedam, mais chamam.
25 Cresce co a força Amor: e o que à vontade
Se faz mais impossível, mais deseja.

CASTRO

Em fim, fortuna, que me já chamava

---

6 — *cruel jugo:* amor cruel, tema frequente nos renascentistas. 17 —
Casa Castro: da família castelhana dos Castros. D. Inês veio para Portugal acompanhando D. Constança. D. Pedro e D. Inês enamoraram-se,
tiveram filhos. Depois da morte de D. Constança contraíram matrimónio
clandestinamente, segundo declaração testemunhada de D. Pedro, após
a sua subida ao trono, e também segundo a versão seguida por António
Ferreira. 22-23 — Na altura, parentesco impeditivo de casamento.

159

Esta glória tão grande, quebra o nó
Daquele jugo a meu amor contrário.
Leva ante tempo a morte a Infanta triste.
Herdo eu mais livremente o amor constante,
5 Que a mim se entregou todo, e todo vive
Na minh'alma, onde está seguro, e firme,
Já com doces penhores confirmado.
Mas o esprito inquieto cos clamores
Do povo, e rogos graves, que trabalham
10 Apartar est'amor, quebrar sua força,
Me traziam medrosa receando
A volta da fortuna, que ora amiga
Ora imiga cruel alça, e derriba;
Que sempre do mor bem, mor mal promete
15 Falsa, inconstante, cega, vária, e forte.
Lograva como a medo os meus amores.
Criava o grande amor desconfiança:
E a consciência errada sempre teme.

AMA

Quem te segurou já? quem novo esprito
20 Te deu aos temores?

CASTRO

O meu medo.

AMA

Contrárias cousas falas.

3 — D. Constança morreu em 1345. 7 — Os filhos de Inês de Castro. 12
— *fortuna:* deusa na mitologia romana, representada geralmente com o
corno da abundância, um leme, sentada ou de pé, muitas vezes cega.

O medo ousa
Às vezes mais que o esforço: tomo os filhos
Co as lágrimas nos olhos, rosto branco,
A língua quase muda, em choro solta
Ant'ele assi começo: meu Senhor,
5 Soam-me as cruéis vozes deste povo.
Vejo del-Rei a força, e império grave
Armado contra mim, contra a constância,
Que em meu amor tégora tens mostrado.
Não receio, Senhor, que a fé tão firme
10 Queiras quebrar a quem tua alma deste;
Mas receio a fortuna que mais possa
Com seu furor, que tu com teu amor brando.
Por estas minhas lágrimas, por esta
Mão tua, que em sinal de fé me deste,
15 Pelos doces amores, doce fruito,
Que deles tens diante, se me deves
Amor igual ao meu, ou se algū'hora
Fui a teus olhos vista alegre, e doce,
Me segures, me guardes, me conserves
20 Contra os duros mandados de teu pai,
Contra importunas vozes dos que podem
Mudar acaso teu constante peito.
Ou quando minha estrela, e cruel génio
Te puder arrancar dest'alma minha,
25 Com teu armado braço envolta em sangue
M'arranques deste corpo, que não veja
Tão triste dia, tão cruel mudança;
Eu tomarei por doce a minha morte:
Por piedoso amor, tal crueldade.

9 — *fé:* (lat. *fides*), lealdade. 23 — *génio:* segundo a mitologia romana, ser tutelar, benéfico ou maléfico.

AMA

Moveste-me a alma, e os olhos.

CASTRO

Assi disse. Ele então lançando os braços
Estreitamente em mim, mudado todo
Em vão trabalha de encobrir a mágoa
5 De meu temor, e lágrimas. E pode,
Ó Dona Inês, me diz, pode teu peito
Conceber tal receio? aquele dia
Primeiro, que te vi, não mostrou logo
Que esta minh'alma à tua só se deve?
10 Por ti a vida me é doce, por ti espero
Acrescentar impérios: sem ti o Mundo
Duro deserto me pareceria.
Não poderá fortuna, não os homens,
Não estrelas, não fados, não planetas
15 Apartar-me de ti por arte, ou força.
Nesta tua mão te ponho firme, e fixa
Minh'alma; por Infante te nomeio,
Do meu Amor Senhora, e do alto estado,
Que me espera, e teu nome me faz doce.
20 O grande movedor dos Céus, e terras
Invoco, e chamo aqui: o alto Céu m'ouça,
E meu intento santo aprove, e cumpra.

AMA

Entendo o teu prazer, as tuas lágrimas.
Também de prazer choro: tão contrária
25 Nos é sempre a alegria, que inda toma
Lágrimas emprestadas à tristeza.

24-26 — Bela expressão de fatalismo pessimista.

Já não temo fortuna, já segura,
E leda viverei.

AMA

No real esprito
Não se deve esperar leve mudança.
Ajuda tua estrela co bom siso.
5 Muitas vezes a culpa empece ao fado.
Prudência, e bom conselho o bem conserva:
A soberba o destrói, e em grã mal muda.

CASTRO

Rege tu, ama minha, este meu peito.
O súbito prazer engana, e erra.

AMA

10 Encobre teu segredo.

CASTRO

N'alma o tenho.

AMA

Deus to conserve.

CASTRO

Humilde aos Céus o peço.

INFANTE

Poderoso Senhor, grã pai do Mundo,
Cujo poder imenso, altas grandezas
Cantam os Céus, a terra, os elementos,
A cujo aceno treme a redondeza,
5 A cujo querer nada é impossível,
Fortalece meu peito, arma-me todo
De paciência igual à dura afronta.
Sossega os alvoroços deste povo,
A fúria de meu pai, que em vão trabalha
10 Arrancar-me minha alma donde vive.
Sou humano, Senhor: tentações grandes
Vencem ânimos fortes.
Ferve o sangue, arde o peito, cresce-me ira
Contra quem me persegue: tu me amansa.
15 Não poderei sofrer, não poderei
A dura pertinácia, o cruel ódio,
Que ao meu doce amor mostram.
Vence a dor a razão: vence Amor força.
Tu conserva, alto Deus, a prometida
20 Fé, a quem já de lá dar-ma mandaste.
Tudo de ti procede: sem ti nada
Se move cá na terra. Quem entende
Teus meios, e teus fins, e teus segredos?
Quantas vezes mal é, o que bem parece!
25 Quantas vezes o mal causa bens grandes!
Quanto tempo sofreste o grande Afonso
No nome de Bolonha celebrado,
Que novas torres ajuntou às Quinas,

---

3 — *elementos:* a natureza. 16 — *pertinácia:* teimosia. 26-27: Afonso III, quando príncipe, tinha casado em França com a condessa de Bolonha, D. Matilde. 28 e 1 e 2 da pág. seg. — Afonso III casou com D. Brites, filha de Afonso X, ainda em vida de Matilde.

Dura força fazendo ao matrimónio,
Contr'as divinas leis, contra as humanas!
Quem então não chorava a crueldade
Contra o primeiro amor? e quem calava
5 A dura pertinácia do segundo?
Mas tu querias dar ao Mundo o grande,
Forte, prudente, e santo, um só Dinis,
Paz, e concórdia entre altos Reis, que Reinos
Deu, e tirou, em armas claro, e em letras.
10 Eu de seu sangue, de seu estado herdeiro,
Porque do meu amor tão mal julgado
Não esperarei grandezas? vê-las-ei,
Vê-las-ei de ti, Castro; vive leda,
Vive segura, lança os medos fora,
15 Que antes morte, que vida sem ti quero.

CORO

Não é desculpa ao mal, outro mal grande.
Quão danoso é no Mundo um mau exemplo!
Que o que reprende em outro, em si o aprove.
Mas não pode assi ser a Razão cega,
20 Cada um levar-se deixa da vontade.

SECRETÁRIO   INFANTE   CORO

SECRETÁRIO

Quem ajuntar puder com água o fogo,
Quem misturar co dia a noite escura,
E quem o mau pecado com a virtude,
Este no amor ajuntará razão,
25 Este em falsa lisonja a lealdade.

---

7 — D. Dinis foi mediador entre príncipes. 9 — *em armas... em letras:*
tema da renascença. 19-20 — Oposição razão-vontade. 21 — O secretário
tenta dissuadir D. Pedro da sua paixão. 20-25 — Uso dos *impossibilia* (os
impossíveis), para reforço da mensagem. 24 — Amor-razão.

Um o amor não sofre, outro a virtude.
E eu destes ambos venho agora armado.
Não sei se poderei vencer com eles.
S'algum esprito bom me quisesse ora
5 Ajudar lá dos Céus, e aqui acabasse
Esta vida; que fim mais glorioso
Que pelos Céus deixar a baixa terra,
Antes que por temor honra, e verdade?
Aquele é que lá vejo pensativo,
10 Deus m'inspire que diga sem temor.
Confiança há mister, e ânimo livre
Quem quiser resistir ao mau propósito
Do Príncipe, em que está determinado.
Mas deixar de o fazer é vil fraqueza.

INFANTE

15 Que dirás, Secretário, a tão grã força
Como querem fazer a esta minh'alma?

SECRETÁRIO

Senhor, mas antes querem dar-ta livre
Donde está tão forçada, e tão cativa.

INFANTE

Arrancam-me as entranhas, que me querem?
20 Esta gente que quer, que assi me mata?

SECRETÁRIO

Querem-te só, e procuram-te tua honra.
E quebrar daqui as asas à fortuna,
Que contra ti não tenha nunca forças.

---

2 — *ambos:* o amor (que tenho ao infante) e a virtude. 8 — (Deixar)
honra e verdade. 9 — D. Pedro. 11— *há mister:* tem necessidade. 23 —
Que: para que.

Mas antes lhas vão dando quanto podem,
Procurando apartar-me donde vivo.

SECRETÁRIO

Se te visses, Senhor, ver-te-ias morto:
Ver-te-ias cego: em quanto homem não vive
5 Com su'alma própria, pode a tal ser vida?

INFANTE

Também tu me persegues? também vens
Afiado cortar-me estas raízes,
Que no meu peito já tão firmes tenho?

SECRETÁRIO

Piadosa obra faz ao que está preso
10 Quem as prisões lhe corta, e as más cadeias.
Oh claríssimo Infante meu Senhor,
Muito há que me conheces, teus segredos
De mim com razão sempre confiaste.
Nunca te descobri as zombarias,
15 Nunca descobrirei o menor deles.
D'ũa parte me tens por Secretário,
Mas d'outra me hás de ter por Conselheiro.
Cumprirei eu contigo, e co que devo:
Então venha tua ira, que eu não quero
20 Melhor morte, que aquela, que de infâmia
Livrar a vida, e a alma de perigo.

---

3 — *morto:* sem alma própria. 4 — *homem:* uma pessoa. 9-10 — Exemplos concretizantes. 11 — *claríssimo:* ilustríssimo.

Não vês, Senhor, que o Sol, se escurecesse,
Quanto cobre, e descobre, ficaria
Tão triste, e escuro, como agora claro?
Pois tal é o bom Príncipe: Sol nosso,
5 Com cuja luz nos vemos, e seguimos
A justiça que aos Céus nos vai levando.
Se s'esta em ti perder, onde a acharemos?
Quem a virtude seguirá, quem honra?
Abateres-te assi de Príncipe alto
10 A pensamentos baixos, que s'estranham
Nos homens baixos, parecer-te pode
Grandeza de ti digna? e do que deves
A este estado tão alto, que te espera?

INFANTE

Quem tão livre te faz, e tão ousado?

SECRETÁRIO

15 Amor, e lealdade esta ousadia
Me dão: dá-ma a Razão, que tem tal força,
Que inda que se não siga, não se nega.
Lá dentro em ti te vejo estar sentindo
Em teu ânimo Real, e generoso
20 Quase ũa reverência, a que te move,
Inda que com desgosto, a sã verdade.
Não me queres ouvir, mas bem me julgas,
Move-te o zelo honesto, a fé tão pura.
Deixa-te reprender de quem bem t'ama,
25 Que ou te aproveita, ou quer aproveitar-te.
Não recebas enganos de quem teme,
Ou deseja, ou espera, à custa tua,
De tua honra, e dos teus, que a tantos mata.

4-13 — Concepção de príncipe de António Ferreira. 8 — *quem honra:*
quem seguirá a honra? 19 — *generoso:* nobre. 20 — *reverência:* respeito.
26-28 — Cuidado com os aduladores.

Louvas tu, ou alguém louvará aquele,
Que podendo ilustrar a glória antiga
De seus passados com mor honra, e fama,
Não somente o não faz, mas escurece
5 Daquela luz antiga o claro raio?

Mas antes não viver merecia esse,
Antes não ser nascido: que a Águia vemos
Os filhos enjeitar, que ao Sol não olham.

SECRETÁRIO

E que dirás, que julgarás daquele,
10 Que em vez de se armar bem contr'a fortuna,
Causas anda buscando de a ter sempre
Contrária a sua vida, e seu estado?

INFANTE

Quem não teme a fortuna, e não procura
De contr'ela se armar, tê-la-há imiga,
15 Que aos que se lhe mais dão, sempre persegue.

SECRETÁRIO

Julgaste-te a ti mesmo.

INFANTE

Em que? ou como?

15 — *dão:* oferecem.

Aquele claro sangue, aquele nome
Heróico, tão alto, e em todo o Mundo
Honrado, e conhecido dos Reis grandes,
De cujo tronco vens, não fica escuro
5 Misturado com outro diferente
Dos que foram nascidos, e criados
Para humildes sofrerem teu Real jugo,
Obedecendo ao Império, e aos acenos?
Depois disto não vês o grã desprezo,
10 Em que serás aos teus? o grã perigo
Em que pões este Reino, co a soberba
De poucos, que ergues tanto, e tanto podem
Com teu favor, que mostram já desprezo
A quem devem mostrar acatamento?
15 Que cousa mais destrói o Rei, e Reino?
Que cousa cria mor desprezo, e ódio
Que vê-lo sujeitar-se a cousas baixas?
Que vê-lo ser mandado de seus vícios?
Com que rosto, Senhor, darás castigo
20 Aos que assi cometerem o que cometes?
Como conservarás a obediência
Santa devida aos pais, pois tu a negas
Aos teus no que te pedem justamente?
Memória deixarás de mau exemplo
25 A teus filhos: darás licença larga
A Reis, que isto souberem: ao Mundo causa
D'escurecer teu nome para sempre.
De um mal vê quantos males nascem logo:
Todos sobre ti caem: Senhor, vê-te.
30 Conhece-te melhor: entra em ti mesmo.
Verás então o porque te importunam,
O que te pede el-Rei, o que teu povo.

1 — *claro sangue:* ilustre estirpe. 4 — *tronco:* ascendência. 12 — A família dos Castros. 21 — O rei deve dar o exemplo. 25 — *larga:* demasiada. 30 — *Nosce te ipsum* (conhece-te a ti mesmo), expressão já da cultura grega. 31 — *o porque:* a razão por que.

Conselheiro fiel, ousado, e forte
Feriste co a razão a alma, que dura
Os olhos em vão cerra.

INFANTE

Eu não sou, nem fui nunca qual me julgas,
5 Ou qual me julgais todos. Outros olhos
Diferentes dos vossos são os meus,
Com que me vejo, e vejo que o que faço,
Não é tamanho mal, como vós vedes.
Eu não faço erro algum: sigo o que o esprito
10 Me diz, e me revela, a quem eu creio.
Cos Príncipes tem Deus outros segredos,
Que vós não alcançais, e como cegos
Nos juízos errais de seus mistérios.
Olhai esta mulher, vede o que há nela.
15 D'um sangue nos formou a natureza:
Real é, de Reis vem, de Reis é digna.
Do Mundo quisera eu ser só Monarca,
Monarca de mil Mundos, para todos
Debaixo dos pés pôr, de quem tanto amo.
20 Mui baixa me parece esta coroa
Para aquela cabeça. Olha o que mando:
Tu jamais me não fales em tal cousa.
Meus duros pais não curem de cansar-me;
Porque nem posso nisso obedecer-lhes,
25 Nem em o não fazer desobedeço.
Arranquem-me a vontade deste peito,
Arranquem-me do peito est'alma minha,
Então acabarão o que começam.

11-13 — Maquiavelismo. 15 — *D'um sangue:* do mesmo sangue. 23 — *curem de:* tentem.

Não cuidem que me posso apartar donde
Estou todo, onde vivo: que primeiro
A terra subirá onde os Céus andam,
O mar abrasará os Céus, e terra,
5 O fogo será frio, o Sol escuro,
A Lua dará dia, e todo Mundo
Andará ao contrário de sua ordem
Que eu, ó Castro, te deixe, ou nisso cuide.
Dei-te alma, dei-te fé, guardá-la-ei firme.
10 Confio isto de ti, não mo descubras.

SECRETÁRIO

Oh Senhor, que me matas! Deus quisera
Que nunca merecera honra tamanha.
Pois me põe em perigo de desonra.
Seguir tua vontade, é destruir-te,
15 Destruir este Reino, e teu pai triste:
Querer-te apartar dela é impossível.

INFANTE

Segue minha razão, minha vontade.

SECRETÁRIO

Não te vejo razão, vejo vontade.

INFANTE

Segue a vontade, que forçar não podes.

SECRETÁRIO

20 Manda-me o que te devo que a não siga.

3-7 — *Impossibilia* (coisas impossíveis).

INFANTE

Queres mandar teu Príncipe?

SECRETÁRIO

Mas sirvo.

INFANTE

Obedece ao que quero.

SECRETÁRIO

Manda o justo.

INFANTE

Deus só me julga.

SECRETÁRIO

E a razão te obriga.

INFANTE

Livre há-de ser um Príncipe.

SECRETÁRIO

Cativo
5 É quem de si se vence.

4-5 — Cativo é aquele que é vencido pelas suas paixões.

Inda importunas?

Se te não conselhar, meus são teus erros.

Eu te livrarei deles.

A Deus temo.
Tu no corpo só podes, ele n'alma.
Eu aconselhar-te posso, forçar não.
5 Testemunha me é Deus: e tu também.
Amor em ti só reina, amor te manda
Peçonha doce d'alma, d'honra, e vida.
Mas porque te não movem tantos choros
Da Rainha tua mãe? os tantos rogos
10 D'el-Rei teu pai? os tão leais conselhos
De quantos a teus pés estão lançados,
Pedindo-te piedade deste Reino,
Que ameaçado está assi da fortuna?
Não te declararás por honra tua,
15 E prova para o Mundo, que t'infama
Com nome de pecado pertinaz?
Eu choro de assi ver ũa mulher fraca
Mais forte contra ti, que quantas forças
De Deus, do Mundo estão por ti tirando.

---

9 — D. Beatriz. 14-15 — Não te resolverás a tomar partido da tua honra e
a apresentar provas dela ao mundo.

Ó perseguição forte, ó ódio estranho!
Ó duros fados todos conjurados
Cos Céus, e com as estrelas a perder-me!
Que me quereis? que sem razão vos faço,
5 Homens d'entranhas feras, e danadas,
Em ter igual amor a quem mo tem?
A quem é tão devido? quem o Mundo
Todo merece ter, e inda é pequeno?
Homens, que procurais meu mal, e morte,
10 Vede bem o que eu vejo: que alto império
Daquele Real rosto não será
Honrado, e acrescentado? aquele rosto,
Que tanto aborreceis, que Mundos pede!
Que estados, que grandezas, que triunfos!
15 Em corpo tão fermoso a fermosa alma
Tão santa, tão honesta, casta, e pura
Que tacha podeis dar? ou que virtudes,
Que graças das mais raras, e excelentes
Não achareis em tudo, quanto mostra?
20 Pode ser mais cru ódio, e mais injusto?
Pode ser mor inveja, e mais sem causa?

CORO

O quão perigoso é qualquer princípio
De mal, que um só descuido pode tanto,
Que traz um ânimo alto a tal baixeza!

INFANTE

25 Para onde fugirei, porque me deixem?

---

1 e segs. — Repare-se na pontuação. 4 — Que faço de mal. 5 — *feras, e danadas:* cruéis e perversas. 17 — *tacha:* mancha. 20 — Pode haver ódio mais cruel? 25 — *porque:* para que.

De ti hás-de fugir, por teu remédio.

INFANTE

Não me valerá já ver que não posso?

SECRETÁRIO

Tu mesmo te puseste em tal fraqueza.

INFANTE

Não quero, nem desejo arrepender-me.

SECRETÁRIO

5 Acrescentas o erro com a vontade.

INFANTE

S'é erro, como dizes, não houve outros?

SECRETÁRIO

Houve, mas todavia foram erros.

INFANTE

Desculpem-me outros Reis, e Imperadores.

5 — *Acrescentas:* aumentas.

Como o farão, pois a si não puderam?

Não me persigas mais.

O mal persigo.

Um Príncipe de um Reino tão cativo
Há-de ser, que não faça o que costuma
5 Qualquer do povo seu?

Um Príncipe antes
Há-de ter seu esprito tão alçado
Da terra, que dela erga o pensamento
Ao baixo povo seu, para que o siga.
Esprito há-de ser puro: um ouro limpo,
10 Sem fezes, e sem liga: exemplo claro
De fortaleza, mansidão, e justiça.

Vai-te diante mim, fuge minha ira.

---

1 — Pois eles próprios não puderam desculpar-se. 8 — Seja exemplo ao
povo. 12 — *Fuge:* evita.

Quem governará ũa vontade livre,
Que outro Senhor não tem, senão a si mesma?

CORO I

Quando Amor nasceu,
Nasceu ao Mundo vida,
5 Claros raios ao Sol, luz às estrelas.
O Céu resplandeceu,
E de sua luz vencida
A escuridão mostrou as cousas belas.
Aquela, que subida
10 Está na terceira esfera,
Do bravo mar nascida,
Amor ao Mundo dá, doce amor gera.
Por amor s'orna a terra
D'águas, e de verdura,
15 Às árvores dá folhas, cor às flores.
Em doce paz a guerra,
A dureza em brandura,
E mil ódios converte em mil amores.
Quantas vidas a dura
20 Morte desfaz, renova:
A fermosa pintura
Do Mundo, Amor a tem inteira, e nova.
Ninguém tema seus fogos,
E chamas furiosas.
25 Amor é tudo, amor suave, e brando,
Sujeito a brandos rogos,
As águas amorosas
Dos olhos com brandura está alimpando.

Coro I. Cumpre a sua função: comentários e explicações, neste caso sobre os benefícios do amor. 5 — (Nasceram) claros... 9-12 — Vénus (Afrodite). 19-20 — Renova as vidas que a cruel morte desfaz.

Douradas, e fermosas
Setas n'aljava soam
À vista perigosas;
Mas amor levam, dos amores voam.
5 Amor em doces cantos,
Em doces liras soe,
Torne seu brando nome est'ar sereno.
Fujam mágoas, e prantos,
O ledo prazer voe,
10 E claro o rio faça, o vale ameno.
No terceiro Céu toe
D'amor a doce lira,
E de lá te coroe,
Castro, d'ouro o grã Deus, que amor inspira.

CORO II

15 Antes cego Tirano
Dos poetas fingido,
Cruel desejo, e engano,
Deus de vã gente, de ócio só nascido.
Geral estrago, e dano
20 Da gloriosa fama,
Com sua seta, e chama
Tirando a toda a parte
Ardendo fica Apolo, ardendo Marte.
Vai pelos ares voando;
25 Arde cá toda a terra,
E d'aljava soando
O tiro empece mais, quanto o mais erra.
Tem por glória ir juntando
Estados diferentes:

11 — *terceiro céu:* esfera de Vénus. *Coro II:* comentários sobre os malefícios do Amor. 15 — Seguem-se várias personificações retiradas dos atri-
butos do deus *Eros* (Cupido). 23 — *Ardendo* (em amor). 27 — *quanto o
mais erra:* quanto mais erra o alvo.

179

Os mais convenientes
A Amor, e iguais aparta.
Nunca de sangue, e lágrimas se farta.
No tenro, e casto peito
5 Da moça vergonhosa,
Tempo esperando, e jeito,
Entra com força branda, ou furiosa.
O fogo já desfeito
Da cinza outra vez cria,
10 No frio sangue, e fria
Neve outra vez se acende.
Dos olhos no meio d'alma o raio prende.
Dali sua peçonha
Vai por todas as veias.
15 A alma dormente sonha
Em seu engano, e tece doces teias.
Foge a casta vergonha.
Foge a constância forte.
Entra tristeza, e morte
20 Debaixo de brandura,
Que a razão mata, o coração endura.
Quem a ferrada maça
Ao grande Alcides toma?
E quer que assi aos pés jaça
25 Da moça, feito moça, quem leões doma?
Quem da espantosa caça
Os despojos famosos
Lhe converte em mimosos
Trajos de Dama, e o uso
30 Das duras mãos lhe põe no brando fuso?
Júpiter transformado
Em tão várias figuras,
Deixando desprezado

3 — O amor exige sacrifícios. 12 — *prende:* ateia-se. 22-25: *Alcides:* Hércules. Este amava de tal modo Ônfale que pegava na roca e fiava. Perífrase mitológica. 31 — *Júpiter:* metamorfoses ridículas de Júpiter nos seus
amores.

O Céu, quão baixo o mostram mil pinturas!
Poderosas branduras,
Que assi as almas convertem
No que amam! assi sovertem
5 Por manha a grande alteza
Do esprito, que s'enterra em vil fraqueza!
De que outro fogo ardia
Dos Teucros a alta glória?
De que deixou história
10 Tão triste ao Mundo Espanha a forte, e pia?
Amor cego vencia.
Amor cruel matava.
Um moço triunfava
De tanto sangue, e vidas
15 Por um vão apetite mal vendidas.
Ditoso, ó quão ditoso!
Quem o seu peito armou
Contra o raio furioso:
Ou em alçando as chamas o apagou!
20 Poucos, que Deus amou,
Dos Céus tanto alcançaram.
E mil, e mil choraram
Do vão contentamento
Ao cego Infante seu rependimento.

9-10 — Referência a Juliano, que, segundo a tradição, entregara Andaluzia e Ceuta aos Árabes e combatera a seu lado contra os Visigodos, para se vingar de Rodrigo que lhe raptara uma filha.

ACTO II

EL-REI D. AFONSO IV   PERO COELHO   DIOGO LOPES PACHECO
CONSELHEIROS

REI

Oh ceptro rico, a quem te não conhece,
Como és fermoso, e belo! e quem soubesse
Bem quão diferente és do que prometes,
Neste chão que te achasse, quereria
5 Pisar-te antes cos pés, que levantar-te.
Não louvo os que se louvam por impérios
A ferro, sangue, e fogo destruírem,
O seu próprio estendendo: mas aqueles
(Ó grandeza espantosa, e ânimo livre!)
10 Que tendo-os muito grandes, os deixaram.
Mor alteza, e mor ânimo é as grandezas
Desprezar, que aceitar: e mais seguro
A si cada um reger, que o Mundo todo.
O resplandor deste ouro nos engana
15 E é terra em fim, e terra a mais pesada.
De ũa alta fortaleza estamos sempre
Postos por atalaias à fortuna:
Por escudos do povo, oferecidos
A receber seus golpes; não fazê-lo
20 É usar mal do ceptro, e bem fazê-lo
É não ter vida mais segura, e certa,
Que quanto estes perigos nos prometem.

1 e segs.: A fala de D. Afonso IV traduz a luta interior entre os sentimentos de homem e os deveres de rei. 11-13 — Mediania dourada *(aurea
mediocritas)* do sábio. 16-18 — O rei está exposto a perigos por causa do
povo.

Gloriosos perigos, e trabalhos,
Oh bem-aventurados, pois te sobem
Da coroa da terra à que nos Céus
Mais rica, mais gloriosa te darão.

PACHECO

5 Trabalho mais que estado tem os Reis,
Os bons Reis, que não amam assi seus vícios,
Como as obrigações de se mostrarem
Contra si mais isentos, e mais fortes
Que o povo baixo, que anda só após eles.
10 E tal Rei como tu, Senhor, é Rei.
Não te pese de o ser, que virá tempo,
Que te hajam mais inveja a esses trabalhos
Sofridos com paciência, e bem regidos,
Que a vitórias famosas com grã perda
15 De homens, e de riquezas mal ganhadas.
Isto faz os Reis grandes, dignos sempre
De memória imortal, sofrer trabalhos
Pelo público bem, quebrar a força
Do sangue, e próprio amor; fazer-se exemplo
20 De todo bem ao povo, atalhar prestes
O mal em seu começo, antes que empeça.
Depois nem forças bastam, nem conselho.
Atalhando a este mal, que t'assi agora
Tão trabalhado traz, ficarás livre
25 Rindo-te da fortuna, e de seus medos.

5 — Trabalho mais que honras. 21 — *empeça:* cause danos. 24 — *trabalhado:* atormentado.

Rei

Vence o mal ao remédio. Vejo o Infante
De todo contra mim determinado,
Duro a meus rogos, mais duro aos mandados.
Que estrela foi aquela tão escura?
5 Que mau signo, ou que fado, ou que planeta?

Pacheco

Em quanto há ocasião, dura o pecado:
Tirando-lha, ei-lo livre.

Rei

Forte cousa
Endurecer-se assi aquela vontade!

Pacheco

Endureça-se a tua com justiça.

Rei

10 Duro remédio! quanto melhor fora
Amor, e obediência! meus pecados
Quão gravemente sobre mim caíram!

Conselheiros

Senhor, para que é mais? moura esta dama.

Rei

Que moura todavia?

---

3 — *rogos:* pedidos; *mandados:* ordens. 4-5: Enunciação de elementos de
maravilhoso trágico. 11-12 — Estou a pagar o meu comportamento
perante o meu pai (D. Dinis). 14 — *moura:* morra, pereça.

PACHECO

Senhor, moura
Por salvação do povo.

REI

Não é crueza
Matar quem não tem culpa?

CONSELHEIROS

Muitos podes
Mandar matar sem culpa, mas com causa.

REI

Com que cor, com que causa esta matamos?

PACHECO

Não basta que em sua morte só se atalham
Os males, que sua vida nos promete?

REI

5 Ela que culpa tem?

PACHECO

Dá ocasião.

Rei

Oh que ela não a dá, o Infante a toma.
Que lei há, que a condene, ou que justiça?

Conselheiros

O bem comum, Senhor, tem tais larguezas
Com que justifica obras duvidosas.

Rei

5 Assi que assentais nisto?

Conselheiros

Nisto: moura.

Pacheco

Moura.

Rei

Ũa inocente?

Conselheiros

Que nos mata!

Rei

Não haverá outro meio?

---

1 — Invocação da razão de estado. 3-4 — Maquiavelismo. 5 — *Assi que:*
com que então.

Não o temos.

Rei

Metê-la-ei num mosteiro.

Conselheiros

Ei-lo queimado.

Rei

Mandá-la-ei deste Reino.

Conselheiros

O amor voa.
Este fogo, Senhor, não morre logo.
Quanto lhe mais resistes, mais s'acende.
5 Contra Amor que lugar darás seguro?

Rei

Matá-la é cruel meio, e rigoroso.

Pacheco

Não vês, não ouves quantas vezes morrem
Muitos, que o não merecem? Deus o quer
Pelo bem, que se segue.

Rei

                    Deus o faça,
Cuja vontade é lei, e a minha não.

Pacheco

Essa licença tem também os Reis,
Que em seu lugar estão.

Rei

               Antes não tem
Licença para mais, que quanto pede
5 A razão, e justiça: a mais licença
É bárbara crueza de infiéis.

Pacheco

Pois que dirás daqueles, que a seus próprios
Filhos, e a seu amor não perdoaram
Pelo exemplo comum, e bem do povo?

Rei

10 Aos que o bem fizeram, hei inveja.
Os outros nem os louvo, nem os sigo.

Conselheiros

Inda que houvesse excessos, todavia
Mais males atalharam, dos que deram.

Rei

Não se há-de fazer mal por quantos bens
Se possam daí seguir.

Conselheiros

Nem bem, nenhum,
De que se sigam males.

Rei

Mal parece
Matar ũa inocente.

Pacheco

Não é mal:
5 Que a causa o justifica.

Rei

Antes Deus quer
Que se perdoe um mau, que um bom padeça.

Conselheiros

O bem geral quer Deus que mais s'estime,
Que o bem particular. Nas circunstâncias
Se salvam, ou se perdem as obras todas.

Rei

10 Enganam-se os juízos muitas vezes.

1-2 — Anti-maquiavelismo. 5 — *que:* porque.

Conselheiros

Os dos Reis bem fundados Deus inspira.

Rei

Hei medo de deixar nome de injusto.

Conselheiros

De justo o deixarás, pois te conselhas
Cos juízos dos teus leais prudentes.

Pacheco

5 Vês, poderoso Rei, vês cos teus olhos
    A peçonha cruel, que vai lavrando
    Gerada deste amor cego: vês quanto
    A soberba, e desprezo destes homens
    Contra ti, e contra todos vai crescendo.
10 S'em tua vida nos tememos tanto,
    Que faremos depois da tua morte?
    Por dar saúde ao corpo, qualquer membro
    Que apodrece, se corta, e pelo são,
    Porque o são não corrompa. Este teu corpo,
15 De que tu és cabeça, está em perigo
    Por esta mulher só: corta-lh'a vida,
    Atalha esta peçonha, tê-lo-ás salvo.
    Médico, Senhor, és desta República.
    O poder, que tem o Médico num corpo,
20 Tens tu sobre nós todos: usa dele.

---

8 — Referência à família dos Castros. 12-13 — Tom sentencioso. 18 — *República:* Estado

Se te parece em parte isto crueza,
Não é crueza aquela, mas justiça,
Quando de cruel ânimo não nasce.
Tua tenção não peca, em si se salva.
5 A aspereza dest'obra é medicina,
Com que s'atalham as mortes, que adiante
Muitos é que por força te mereçam,
A clemência por certo é grã virtude,
E digna mais dos Reis, que outras virtudes,
10 Pelo perigo grande, que há na ira,
Em quem tão livremente assi a executa:
Mas com esta o rigor é necessário,
Por não vir em desprezo tal virtude.
Este é o que se chamou severidade,
15 De que tantos exemplos nos deixaram
Os famosos Romãos em paz, e guerra.
Estas colunas ambas são tão fortes,
Que bem-aventurado este teu Reino,
Que nelas por ti só está tão fundado.
20 De tal modo, Senhor, hás-de usar delas,
Que ũa vá sempre d'outra acompanhada.
Exemplos tens mostrado de clemência,
Mostra agora, que é bem, severidade.

REI

A parte, que me cabe deste feito,
25 Eu a ponho em vós toda, como aqueles,
Que sem ódio, e temor sois obrigados
Aquilo conselhar-me, que é só justo,
Mais serviço de Deus, e bem do povo.
Vós outros sois meus olhos, que eu não vejo.

---

12 — *esta:* Inês de Castro. 16 — *Romãos:* Romanos. 24-28 — Embora
consentindo, o rei tenta alijar a sua personalidade. 29 e 1-3 da pág. seg.
— O rei não vê o que é «justo».

Vós sois minhas orelhas, que eu não ouço.
Minha tenção me leve, ela me salve.
O engano se é vosso, em vós só caia.

Sobre nós descarrega esse teu peso.

Conselheiros

5 Eu tomo minha parte, ou tomo todo.
Almas, e honras temos: estas ambas
A ti, Senhor, se devem, a ti as damos.
Estas sós te conselham, que bem vês
Quão grande mal é nosso, o que fazemos.
10 Aventuramos vidas, e fazendas,
Que em ódio de teu filho ficam sempre,
Sob cujos pés ficamos, e em cuja ira.
Mas percamo-nos nós, percamos vidas;
Soframos cruéis mortes; nossos filhos
15 Fiquem órfãos de nós, e deserdados;
A fúria de teu filho nos persiga,
Antes que esse tal medo em nós mais possa,
Que o que a virtude manda, e te devemos.

Rei

I-vos aparelhar, que em vós me salvo.
20 Senhor, que estás nos Céus, e vês as almas,
Que cuidam, que propõem, que determinam,
Alumia minh'alma, não se cegue
No perigo, em que está: não sei que siga.
Entre medo, e conselho fico agora:

19 — *I-vos aparelhar:* ide-vos preparar. 24 e 1-3 da pág. seg. — Luta interior no espírito do rei.

192

Matar injustamente é grã crueza.
Socorrer a mal público é piedade.
D'ũa parte receio, mas d'outra ouso.
Oh filho meu que queres destruir-me!
5 Há dó desta velhice tão cansada:
Muda essa pertinácia em bom conselho.
Não dês ocasião para que eu fique
Julgado mal na terra, e condenado
Ant'aquele grã Juiz, que está nos Céus.
10 Ó vida felicíssima, a que vive
O pobre lavrador só no seu campo,
Seguro da fortuna, e descansado,
Livre destes desastres, que cá reinam!
Ninguém menos é Rei, que quem tem Reino.
15 Ah que não é isto estado, é cativeiro
De muitos desejado, mas mal crido.
Ũa servidão pomposa, um grã trabalho
Escondido sob nome de descanso.
Aquele é Rei somente, que assi vive
20 (Inda que cá seu nome nunca s'ouça)
Que de medo, e desejo, e d'esperança
Livre passa seus dias. Ó bons dias!
Com que eu todos meus anos tão cansados
Trocara alegremente. Temo os homens,
25 Com outros dissimulo; outros não posso
Castigar, ou não ouso. Um Rei não ousa.
Também teme seu povo: também sofre.
Também suspira, e geme, e dissimula.
Não sou Rei, sou cativo: e tão cativo
30 Como quem nunca tem vontade livre.
Salvo-me no conselho dos que creio
Que me serão leais: isto me salve,

---

5 — *Há dó:* tem pena. 6 — *pertinácia:* teimosia; *conselho;* resolução,
propósito. 9 — *grã Juiz:* Deus. 11. Reminiscências de Virgílio: *O fortuna-
tos nimium sua si bona norint... agricolas* (oh! Felizes os agricultores se
conhecessem a sua felicidade), *Geórgicas.* Esta referência existe em quase todos os renascentistas. 11-13 — Mediana dourada. 22-24 — Ideias da
aurea mediocritas e do estoicismo. 29 — *cativo:* prisioneiro. 32 e 1 da
pág. seg. — Procura refúgio na confiança cega em Deus.

Senhor, contigo: ou tu me mostra cedo
Remédio mais seguro, com que viva
Conforme a este alto estado, que me deste.
E me livra algum tempo antes que moura,
5 De tanta obrigação, para que possa
Conhecer-me melhor, e a ti voar
Com mais ligeiras asas do que pode
Ũa alma carregada de tal peso.

CORO

Quanto mais livre, quanto mais seguro
10 É aquele estado, que de si contente
Não se levanta mais que quanto pode
      Fugir misérias!
Tristes pobrezas ninguém as deseje.
Cegas riquezas ninguém as procure.
15 Num meio honesto está a felicidade
      Dos Céus, e terra.
Reis poderosos, Príncipes, Monarcas
Sobre nós pondes vossos pés, pisai-nos.
Mas sobre vós está sempre a fortuna.
20   Nós livres dela.
Nos altos muros soam mais os ventos.
As mais crescidas árvores derribam.
As mais inchadas velas no mar rompem.
      Caem mores torres.
25 Pompas, e ventos, títulos inchados
Não dão descanso, nem mais doce sono.
Antes mais cansam, antes em mais medo
      Põem, e perigo.

Coro: Louva a mediania dourada e censura os que desobedecem aos pais.
11-12 — Do que o necessário para fugir ao sofrimento. 14 — *Cegas riquezas:* riquezas que cegam. 19 — *fortuna:* má fortuna, insegurança. 21-24 —
Enumeração de *exempla* (exemplos) concretizantes. 25-28 — «medo-
-descanso», elemento da atitude estóica e do desejo da *aurea mediocritas.*

Como se volvem no grão mar as ondas,
Assi se volvem estes peitos cheios.
E nunca fartos, nunca satisfeitos,
    Nunca seguros.
5 S'eu me pudesse à minha vontade
Formar meus fados, mais não quereria
Que meãmente segurar a vida
    Co necessário.
Quem mais deseja, muitas vezes s'acha
10 Triste, enganado: poucas vezes dorme,
Temendo o fogo, ventos, ares, sombras,
    Temendo os homens.
Rei poderoso, tu porque desejas
Nunca ter Reino? porque essa coroa
15 Chamas pesada? pelo peso d'alma,
    Que te carrega.
Quão poucas vezes vimos
Tardar a grã justiça,
Que não decesse sobre
20 Aqueles livres filhos,
Que contra a natural
Obrigação, e lei
Negaram obediência
Àqueles, que os geraram!
25 Pecado torpe, e feio
Ante Deus, ant'os homens.
Mais para Hircanos Tigres,
Mais para Leões bravos,
Que razão não conhecem,
30 Que para quem só dela,
E par'ela é formado.
Aquele amor tão grande

---

7 — mediana ditosa. 9 — «Ambição-perigos»: ver nota pág. ant. 25-28.
17 e segs. — Alusão às lutas civis que D. Afonso IV, enquanto príncipe,
moveu contra seu pai, D. Dinis. Este facto pesa no espírito de D. Afonso
IV. 27 — *Hircanos Tigres:* tigres da Hircânia (Ásia).

Dos pais, com que te criam
Co sangue do seu peito,
Que fereza há tamanha,
Que tal brutalidade,
5 Que contr'ele te mova?
Rei Dom Afonso, Rei,
Lembra-te de ti mesmo.
Aqueles erros feios,
Com que tu perseguiste
10 Teu pai tão cruamente,
Lhe dão de ti vingança
Polo outro teu filho,
Que te desobedece.
Viram-se as Reais Quinas
15 Pelo mesmo Deus dadas
Àquele Rei primeiro,
De que herdaste esse nome
Com esse ceptro rico,
Levantadas por ti,
20 Não contra cinco Reis,
Com cujo sangue as houve,
Mas contra el-Rei teu pai,
Mas contra teus vassalos.
Viram-se as Reais Quinas
25 Cruéis contra si mesmas
Em bravo fogo acesas
Contr'ũa parte, e outra,
De que tão cruelmente
Corria um mesmo sangue!
30 Quantas vezes a santa
Rainha tua mãe
Se meteu nesse fogo

3 — *fereza:* ferocidade, crueldade. 6-13 — Existe nalgumas tragédias gregas a fatalidade do crime transmitida de pais a filhos. 14-16 — *Reais
quinas:* alusão aos cinco escudetes que, segundo a tradição, D. Afonso
Henriques mandou gravar no escudo real após a batalha de Ourique. 20
— *Não contra cinco Reis:* cinco chefes mouros. 30 e segs. — Intervenções
da rainha Santa Isabel.

Por te salvar a vida?
Por ela era apagado.
Por ti tornava arder.
Agora ardes nestoutro.
5 Justiça de Deus grande!

ACTO III

Castro   Ama

Castro

Nunca mais tarde para mim que agora
Amanheceu. Ó Sol claro, e fermoso,
Como alegras os olhos, que esta noite
Cuidaram não te ver! ó noite triste!
10 Ó noite escura, quão comprida foste!
Como cansaste est'alma em sombras vãs!
Em medos me trouxeste tais, que cria
Que ali se me acabava o meu amor,
Ali a saudade da minh'alma,
15 Que me ficava cá: e vós, meus filhos,
Meus filhos tão fermosos, em que eu vejo
Aquele rosto, e olhos do pai vosso,
De mim ficáveis cá desemparados.
Oh sonho triste, que assi me assombraste!
20 Tremo ind'agora, tremo. Deus afaste
De nós tão triste agouro. Deus o mude
Em mais ditoso fado, em melhor dia.
Crescereis vós primeiro, filhos meus,
Que chorais de me ver estar-vos chorando;

? Mello ?

6 e segs. — Descreve-se um sonho, elemento frequente nas tragédias
clássicas. 21 — _agouro:_ presságio, elemento de tragédia.

Meus filhos tão pequenos! ai meus filhos,
Quem em vida vos ama, e teme tanto,
Na morte que fará? mas vivereis,
Crescereis vós primeiro, que veja eu
5 Que pisais este campo, em que nascestes,
Em fermosos ginetes arraiados,
Quais vosso pai vos guarda, com que o Rio
Passeis a nado a ver esta mãe vossa:
Com que canseis as feras; e os imigos
10 Vos temam de tão longe, que não ousem
Nomear-vos somente. Então me venham
Buscar meus fados: venha aquele dia
Que me está esperando: em vossos olhos
Ficarei eu, meus filhos: vossa vida
15 Tomarei eu por vida em minha morte.

AMA

Que choros, e que gritos, Senhora, eram
Os que t'ouvi esta noite?

CASTRO

Ó ama minha,
Vi a morte esta noite crua, e fera.

AMA

20 Entre sonhos t'ouvi chorar tão alto,
Que de medo, e d'espanto fiquei fria.

4 — *que:* de tal modo que. 6 — *arraiados* (com arreios). 7 — *Rio:* Mondego. 9 — Alusão à montaria.

Ind'agora minha'alma s'entristece
Assombrada dos medos, em que estive.
Cansada de cuidar na saudade,
Que sempre leva, e deixa aqui o Infante,
5 Adormeci tão triste, que a tristeza
Me fez tomar o sono mais pesado
Do que nunca me lembra que tivesse.
Então sonhei que estando eu só num bosque
Escuro, e triste, de ũa sombra negra
10 Coberto todo, ouvia ao longe uns brados
De feras espantosas, cujo medo
M'arrepiava toda, e me impedia
A língua, e os pés, eu co'alma quase morta
Sem me mover, meus filhos abraçava.
15 Nisto um bravo Leão a mim se vinha
Co a catadura fera, e logo manso
Para trás se tornava: mas em s'indo,
Não sei donde saíam uns bravos Lobos,
Que remetendo a mim com suas unhas
20 Os peitos me rasgavam. Então alçava
Vozes aos Céus, chamava meu Senhor,
Ouvia-me, e tardava: e eu morria
Com tanta saudade, que ind'agora
Parece que a cá tenho: e est'alma triste
25 Se m'arrancava tão forçadamente,
Como quem ante tempo assi deixava
Seu lugar, e deixava para sempre
(Que este na minha morte era o mor mal)
A doce vista de quem me ama tanto.

24-25 — Era-me tirada a vida. 26 — *ante tempo:* prematuramente.

Ai, e como estaria essa tu'alma
Tão morta! Deus te guarde. Mas às vezes
O pensamento triste traz visões
Escuras, e medonhas: do cuidado,
5 Com que, Senhora, andaste, e adormeceste,
Se te representaram esses medos.

CASTRO

Choro daquela dor, daquela mágoa,
Que ao meu Infante dera a minha morte.

AMA

Para que choras sonhos?

CASTRO

Não sei que hei:
10 Não sei que peso é este, que cá tenho
Assi no coração, que me carrega.
Soía ser que, quando só ficava,
Como agora me vejo, em meu senhor
Eram todos meus sonhos tão alegres,
15 Que desejava a noite, para nela
Me lograr dos enganos, que com ele
Se me representavam: ali o via,
Ali cria que o tinha e que falava
Comigo, e eu com ele: e muitas vezes
20 Muitas palavras, que ele em se partindo

9 — *hei:* tenho. 16 — Sonhar com as minhas ilusões amorosas.

Me dizia chorando, ali chorando
Mas tornava a dizer, e eu o detinha
Apertado em meus braços, senão quando
Acordava abraçada só comigo.
5 Aqueles meus enganos me sustinham
Das noites para os dias. E esta noite
Perdia estes enganos com a vida.

AMA

Outro dia verás, que te amanheça
Mais claro, e mais ditoso: em que a coroa,
10 Que t'espera, terás sobre esses teus
Cabelos d'ouro. Alegra-te entre tanto.
Deixa vãs sombras, deixa tristes medos.

CASTRO

Não sei que est'alma vê, que tanto teme.

AMA

A imaginação é perigosa.

CASTRO

15 Que fará quem não pode fugir dela?

AMA

Cuidar no bem lança a tristeza fora.

Faze-me o bem seguro, que eu não vejo.

AMA

Porque temes o mal, de que estás livre?

CASTRO

Porque temo perder o bem, que espero.

AMA

Temer de longe o mal, é mal dobrado.

CASTRO

5 Como estará alma leda em culpa sua?
Julgam-me mal os homens, e a Deus temo.

AMA

Dos secretos, Senhora, que parecem
Ao Mundo (que os não vê, e do de fora
Julga somente) feios, maus, e torpes,
10 Basta a só consciência, basta tanto,
Que com esta há-de ter Deus toda a conta.
Esta, Senhora, é boa prova d'alma
Pois esta está segura no teu peito.
Se pecado houve já, já está purgado
15 Com esse ânimo firme, com que já ambos

---

4 — Tom sentencioso. 7 — *secretos:* segredos. 15 e seg. — Ligados por casamento. Referência ao casamento clandestino que D. Pedro, após a morte de Afonso IV, afirmou ter contraído com Inês. Aliás, António Ferreira partiu da convicção ou da lenda de que D. Pedro e D. Inês estavam casados. Esteticamente, para enobrecer as personagens, enriquece a tragédia.

Estais confederados santamente.
O tempo Deus trará com mor seguro
Do que vos este dá, para mais claro
O Mundo conhecer quão grã perigo
5 É as almas julgar, que só Deus vê.
Entre tanto contente espera, e vive.
Vive, para que viva quem tanto ama
Esta tua vida, em que toda está a sua.

CASTRO

Nunca o tanto meus olhos desejaram.
10 Nunca meu pensamento o imaginou
De mim tão esquecido. Deus o guarde.
Deus te guarde, senhor, que me parece
Que algum mal te detém: algum mal grande.
Arranca-se a minh'alma de mim mesma.
15 Parece que voar quer onde estás.
Parece que lhe foges, que me deixas.
Ah pensamentos tristes, pensamentos
Escuros, carregados: i-vos, i-vos.

AMA

Ah não te agoures mal! que melhor fado
20 O teu será, Senhora; quem tristeza
De sua vontade chama, mal a pode
Lançar de si, que às vezes n'alegria
Entra tão furiosa, que a destrói.
Olha para estes teus doces penhores
25 Tão seguros, e certos desse amor,
De que foram gerados: em seus olhos

12-13 — Presságio funesto. 24 — *penhores (pignora,* penhores de Himeneu). filhos.

Alegra ora esses teus, que assi desfazes
Com essas cruéis lágrimas, não chores.
Danas esse teu rosto tão fermoso,
Filha, com tantas lágrimas; não chores:
5 Não ofendas teus olhos: ah não vejam
Neles sinais tamanhos de tristeza
Aqueles, cuja glória é ver-te alegre.
Olha as águas do Rio como correm
Para onde está tão saudosamente.
10 De lá te vê, Senhora; elas lhe lembram
Este aposento seu, ou da su'alma.
Estes campos fermosos, que parecem
Debaixo deste Céu dourado, e belo,
Quem os verá, que logo não se alegre?
15 Ouve a música doce, com que sempre
Te vêm a receber os passarinhos
Por cima destas árvores fermosas.
Cuida, Senhora, de lograres isto.
Em algum tempo com dobrado gosto,
20 Segura da fortuna, e de seus medos,
Senhora do teu bem, e desta terra.

CORO   CASTRO   AMA

CORO

Tristes novas, cruéis,
Novas mortais te trago, Dona Inês.
Ah coitada de ti, ah triste, triste!
25 Que não mereces tu a cruel morte,
Que assi te vem buscar.

AMA

Que dizes? fala.

7 — *Aqueles* (olhos do Infante). 9 — Onde D. Pedro está. *Coro* — Em diálogo com uma personagem. 23 — *novas:* notícias.

204

CORO

Não posso. Choro.

CASTRO

De que choras?

CORO

Vejo
Esse rosto, esses olhos, essa...

CASTRO

Triste
De mim, triste! que mal? que mal tamanho
É esse, que me trazes?

CORO

É tua morte.

CASTRO

5 É morto o meu Senhor? o meu Infante?

CORO

Ambos morrereis cedo.

CASTRO

Ó novas tristes!
Matam-me o meu amor? porque mo matam?

Porque te matarão: por ti só vive.
Por ti morrerá logo.

AMA

                Deus não queira
Tal mal, tal desventura.

CORO

                    Vem mui perto.
Não te tardará muito, põe-te em salvo.
5 Fuge, coitada, fuge, que já soam
As duras ferraduras, que te trazem
Correndo a morte triste. Gente armada
Correndo vem, Senhora, em busca tua.
El-Rei te vem buscar determinado
10 D'em ti vingar sua fúria. Vê se podes
Salvar também teus filhos, não lh'empeça
Parte de teus maus fados.

CORO

                    Ó coitada,
Só, triste, perseguida! Ai meu senhor
Onde estás, que não vens? el-Rei me busca?

CORO

15 El-Rei.

---

11 — *não lh'empeça:* não os prejudique.

Porque me mata?

CORO

                  Rei cruel!
Cruéis os que o moveram a tal crueza!
Por ti vem perguntando. Esses teus peitos!
Vem só buscar, para com duro ferro
Serem furiosamente trespassados.

AMA

5 Cumpriram-se teus sonhos.

CASTRO

                Sonhos tristes!
Sonhos cruéis! porque tão verdadeiros
Me quisestes sair! ó esprito meu!
Como não creste mais o mal tamanho
Que crias, e sabias? Ama, fuge.
10 Fuge desta ira grande, que nos busca.
Eu fico, fico só, mas inocente.
Não quero mais ajudas, venha a morte:
Moura eu, mas inocente. Vós, meus filhos,
Vivereis cá por mim: meus tão pequenos,
15 Que cruelmente vem tirar de mim.
Socorra-me só Deus, e socorrei-me
Vós, moças de Coimbra. Homens, que vedes
Esta inocência minha, socorrei-me.

11-13 — Aceitação da morte.

Meus filhos, não choreis: eu por vós choro.
Lograi-vos desta mãe, desta mãe triste,
Em quanto a tendes viva. E vós, amigas,
Cercai-me em roda todas, e podendo,
5 Defendei-me da morte, que me busca.

CORO

Teme teus erros, mocidade cega.
Fuge a ti mesma, logra-te do tempo,
Que assi te deixa correndo, e voando
    Com suas asas.
10 Ó quanto ũa hora, quanto um só momento
Breve algũ'hora quererás debalde!
Poupa o presente, guarda-o, entesoura-o,
    Tê-lo-ás seguro.
Todo ouro, e prata, pedras preciosas,
15 A que correndo vão todos perdidos,
Por água, e fogo, não temendo a morte,
    Cavar nas veias,
Nunca puderam, nunca poderão
Comprar um ponto deste tempo livre,
20 Que assi atrás deixa Príncipes, Senhores,
    Como os mais baixos.
Igual a todos, igualmente foge.
Não valem forças, não val gentileza.
Por tudo passa, tudo calca, e pisa.
25   Ninguém o força.
Com sua fouce, cruel vai cortando
Vidas a moços, trabalhos a velhos.
Só boa fama, só virtude casta
    Pode mais que ele.
30 Esta se salva somente em si mesma.
Esta o esprito segue, sempre vive.
Esta seguindo vencerás o tempo,

---

2 — *lograi-vos:* aproveitai. *Coro:* anuncia a sentença de morte, canta a fugacidade da vida, pede piedade à morte. 7 — *lograr-te do tempo:* é o *carpe diem* (aproveita o dia) de Horácio. 23 — *gentileza:* valor.

Rir-te-ás da morte.
Vive pois, vive, mocidade cega,
Vive co tempo, dele te enriquece.
Dele só t'arma contr'aquele dia
5   Do grande aperto.
Após amor vem morte,
Ou da vida, ou da honra,
E d'alma juntamente,
Que em noite escura põe,
10 Sem ver o claro dia
Da razão, que lhe diz
Os males e perigos,
Em que este amor acaba.
Ó Príncipe tão cego!
15 Ó Príncipe tão duro!
Que cerraste os teus olhos
Àqueles bons conselhos,
Que cerraste as orelhas
Àqueles bons avisos.
20 Tu dormes, ou passeias,
E pelos campos vem
Do Mondego correndo
A cruel morte em busca
Da tua doce vida,
25 Do teu amor tão doce.
Cruel morte, que vens
Buscar esta inocente,
Há piedade, e mágoa
Dos seus fermosos olhos,
30 Do seu fermoso rosto,
Não desates um nó
Tão firme, com que dous

2-5 — O *carpe diem* epicurista, transformado em motivo cristão. 5 — *Do grande aperto:* da morte. 26 e segs. — Notar as semelhanças em *Os Lusíadas* (III, 118-135).

Corações ajuntou
Amor tão estreitamente.
Crueza farás grande
Partir uns olhos d'outros;
5 Ũa alma assi d'outr'alma:
E derramar o sangue,
O sangue tão fermoso
Do seu fermoso corpo.
Doam-te aqueles peitos
10 De marfim, ou de neve.
Doam-te aquelas faces
De lírios, e de rosas,
Que já perdem sua cor
Pela falta do sangue,
15 Que no coração junto
Lhe tens frio, e coalhado
Com medo do teu nome.
Aquela alva garganta
De cristal, ou de prata,
20 Que sustém a cabeça
Tão alva, e tão dourada,
Porque cortar a queres
Com golpe tão cruel?
E derramar nos ares
25 Aquele esprito digno
Do corpo em que vivia.
Há piedade, e mágoa
De tanta fermosura,
Daquele triste Infante,
30 E destes seus penhores.
Detém-te, em quanto chega,
Detém-te em quanto tarda.

Corre, ó Infante, corre:
Socorre ao teu amor.
Ai tardas! saberás
Como o Amor sempre acaba.

ACTO IV

PACHECO   EL-REI   CORO   CASTRO   COELHO

PACHECO

5 A presteza em tal caso, é bom seguro,
E piedade, Senhor, será crueza.
Cerra os olhos a lágrimas, e mágoas,
Que te podem mover dessa constância.

REI

Esta é, que a mim se vem: ó rosto digno
10 De mais ditosos fados!

CORO   to Inêz.

Eis a morte
Vem. Vai-te entregar a ela: vai depressa,
Terás que chorar menos.

CASTRO

Vou, amigas;
Acompanhai-me vós, amigas minhas,

5 — *presteza:* rapidez. *Coro:* Diálogo com Inês.

Ajudai-me a pedir misericórdia.
Chorai o desamparo destes filhos
Tão tenros, e inocentes. Filhos tristes,
Vedes aqui o pai de vosso pai.
5 Eis aqui vosso avô, nosso senhor;
Beijai-lhe a mão, pedi-lhe piedade
De vós, desta mãe vossa, cuja vida
Vos vem, filhos, roubar.

CORO

Quem pode ver-te,
Que não chore, e s'abrande?

CASTRO

Meu senhor,
10 Esta é a mãe de teus netos. Estes são
Filhos daquele filho, que tanto amas.
Esta é aquela coitada mulher fraca,
Contra quem vens armado de crueza.
Aqui me tens. Bastava teu mandado
15 Para eu segura, e livre t'esperar,
Em ti, e em minh'inocência confiada.
Escusaras, Senhor, todo este estrondo
D'armas, e Cavaleiros; que não foge,
Nem se teme a inocência da justiça.
20 E quando meus pecados me acusaram,
A ti fora buscar: a ti tomara
Por vida em minha morte: agora vejo
Que tu me vens buscar. Beijo estas mãos
Reais tão piedosas: pois quiseste

4 — D. Afonso IV. 10 — Notória semelhança em *Os Lusíadas* (III, 118-
-135). 16 — A inocência faz ressaltar a dignidade da personagem. 20 —
acusaram: acusassem. 21 — *fora:* iria; *tomara;* tomaria. 22 — *por vida:*
como remédio.

Por ti vir-te informar de minhas culpas.
Conhece-mas, Senhor, como bom rei,
Como clemente, e justo, e como pai
De teus vassalos todos, a quem nunca
5 Negaste piedade com justiça.
Que vês em mim, Senhor? que vês em quem
Em tuas mãos se mete tão segura?
Que fúria, que ira esta é, com que me buscas?
Mais contra imigos vens, que cruelmente
10 T'andassem tuas terras destruindo
A ferro, e fogo. Eu tremo, Senhor, tremo
De me ver ante ti, como me vejo.
Mulher, moça, inocente, serva tua,
Tão só, sem por mim ter quem me defenda.
15 Que a língua não s'atreve, o esprito treme
Ante tua presença, porém possam
Estes moços, teus netos, defender-me.
Eles falem por mim, eles sós ouve:
Mas não te falarão, Senhor, com língua,
20 Que inda não podem: falam-te co as almas,
Com suas idades tenras, com seu sangue,
Que é teu, te falarão: seu desamparo
T'está pedindo vida; não lha negues.
Teus netos são, que nunca téqui viste:
25 E vê-los em tal tempo, que lhes tolhes
A glória, e o prazer, qu'em seus espritos
Lhe está Deus revelando de te verem.

REI

Tristes foram teus fados, Dona Inês,
Triste ventura a tua.

11-19 — Sinceridade e fragilidade de Inês. 29 — *ventura:* sorte, sina.

Antes ditosa,
Senhor, pois que me vejo ante teus olhos
Em tempo tão estreito: põe-nos ora,
Como nos outros sóis, nesta coitada.
Enche-os de piedade com justiça.
5 Vens-me, senhor, matar? porque me matas?

REI

Teus pecados te matam: cuida neles.

CASTRO

Pecados meus! ao menos contra ti
Nenhum, meu Rei, me acusa. Contra Deus
Me podem acusar muitos: mas ele ouve
10 As vozes d'alma triste, em que lhe pede
Piedade. O Deus justo, Deus benigno,
Que não mata, podendo com justiça,
Mas dá tempo de vida, e espera tempo
Só para perdoar: assi o fazes,
15 Assi o fizeste sempre: pois não mudes
Agora contra mim teu bom costume.

REI

Tua morte m'estão outras muitas vidas
Pedindo com clamores.

PACHECO

Foge o tempo.

2 — *estreito:* apertado, difícil. 3 — *sóis:* costumes; *coitada:* desgraçada,
infeliz.

Oh triste, triste! meu senhor, não me ouves?
Sossega tua fúria, não a sigas.
Nunca conselhou bem: nunca deu tempo
De remédio a algum mal a ira. Sempre
5 Traz arrependimento sem remédio.
Ouve minha razão, minh'inocência.
Culpa é, senhor, guardar amor constante
A quem mo tem? se por amor me matas,
Que farás ao imigo? amei teu filho,
10 Não o matei. Amor amor merece;
Estas são minhas culpas: estas queres
Com morte castigar? em que a mereço?

PACHECO

Dona Inês, contra ti é a sentença dada.
Despide essa tu'alma desse corpo
15 Em bom estado, e seja prestesmente.
Não tenhas que chorar mais, que só a morte.

CASTRO

Ó meus amigos, porque não tirais
El-Rei de ira tamanha? a vós me vou,
Em vós busco socorro: ajudai-me ora
20 Pedir-lhe piedade. Ó Cavaleiros,
Que as tristes prometestes defender,
Defendei-me, que mouro injustamente.
Se me vós não defendeis, vós me matais.

16 — Para que não tenhas. 21 — Tradição cavaleiresca medieval.

[handwritten margin note: Prepara a tua alma para Morrer.]

Por mágoa dessas lágrimas te rogo
Que este tempo, que tens, inda que estreito,
Tomes para remédio de tu'alma.
O que el-Rei em ti faz, faz com justiça.
5 Nós o trazemos cá, não com tenção
De sermos em ti crus: mas de salvarmos
Este Reino, que pede esta tua morte.
Que nunca, ó Deus, quisera que tal meio
Nos fora necessário. A el-Rei perdoa,
10 Que crueza não faz: se a nós fazemos,
Por ti ante o grã Deus será pedida
Vingança justa, se te não parece
Que perdão merecemos nas tenções,
Com que el-Rei conselhamos. Ó ditosa,
15 Dona Inês, tua morte! pois só nela
Se ganha ũa geral vida a todo Reino.
Bem vês por tua causa como estava,
Além desse pecado, em que te tinha
O Infante forçada (que assi o cremos)
20 Mas pois para remédio é necessário
A morte sua, ou tua, é necessário
Que tu sofras a tua com paciência,
Que isso te ficará por maior glória
Que aquela, que esperavas cá do Mundo.
25 E quanto mais injusta te parece,
Tanto mais justa glória lá terás,
Onde tudo se paga por medida.
Nós, que a teu parecer mal te matamos,
Não viveremos muito: lá nos tens
30 Antes de muito tempo ant'esse trono

[handwritten note below: em breve]

3 — Prepara a tua alma para morrer. 4 — Sentido de justiça na consciência dos Conselheiros. 6 — *crus:* cruéis. 10 — *crueza:* crueldade.
30 — *Antes de muito tempo:* em breve.

Do grã Juiz, onde daremos conta
Do mal, que te fazemos. Não ouviste
Já das Romãs, e Gregas com que esforço
Morreram muitas só por glória sua?
5 Morre, pois, Castro, morre de vontade,
Pois não pode deixar de ser tua morte.

CASTRO

Triste prática, triste! cru conselho
Me dás. Quem o ouvira? mas pois já mouro,
Ouve-me, Rei senhor: ouve primeiro
10 A derradeira voz dest'alma triste.
Co estes teus pés me abraço, que não fujo.
Aqui me tens segura.

REI

Que me queres?

CASTRO

Que te posso querer, que tu não vejas?
Pergunta-te a ti mesmo o que me fazes,
15 A causa, que te move a tal rigor.
Dou tua consciência em minha prova.
S'os olhos de teu filho s'enganaram
Com o que viram em mim, que culpa tenho?
Paguei-lhe aquele amor com outro amor,
20 Fraqueza costumada em todo estado.
Se contra Deus pequei, contra ti não.
Não soube defender-me, dei-me toda.

3 — *Romãs e Gregas:* mulheres romanas e gregas. Traço renascentista.
7 — *prática:* conversa, discurso.

Não a imigos teus, não a traidores.
A que alguns teus segredos descobrisse
Confiados a mim, mas a teu filho
Príncipe deste Reino. Vê que forças
5 Podia eu ter contra tamanhas forças.
Não cuidava, senhor, que t'ofendia.
Defenderas-mo tu, e obedecera,
Inda que o grand'amor nunca se força.
Igualmente foi sempre entre nós ambos:
10 Igualmente trocámos nossas almas.
Esta que te ora fala, é de teu filho.
Em mim matas a ele, ele pede
Vida par'estes filhos concebidos
Em tanto amor. Não vês como parecem
15 Aquele filho teu? Senhor meu, matas
Todos, a mim matando: todos morrem.
Não sinto já nem choro minha morte,
Inda que injustamente assi me busca,
Inda que estes meus dias assi corta
20 Na sua flor indigna de tal golpe:
Mas sinto aquela morte triste, e dura
Para ti, e para o Reino, que tão certa
Vejo naquele amor, que esta me causa.
Não viverá teu filho, dá-lhe vida,
25 Senhor, dando-ma a mim: que eu me irei logo
Onde nunca apareça; mas levando
Estes penhores seus, que não conhecem
Outros mimos, e tetas senão estas,
Que cortar-lh'ora queres; ai meus filhos,
30 Chorai, pedi justiça aos altos Céus.
Pedi misericórdia a vosso avô
Contra vós tão cruel, meus inocentes.

---

7 — Proibisses-mo tu e eu obedeceria. 15-17 — O *pathos* (sofrimento) abate-se sobre todos. 27 — *penhores:* filhos. 28 — *tetas:* seios. No tempo, era um termo sem qualquer conotação pejorativa.

Ficareis cá sem mim, sem vosso pai,
Que não poderá ver-vos sem me ver.
Abraçai-me, meus filhos, abraçai-me.
Despedi-vos dos peitos, que mamastes.
5 Estes sós foram sempre: já vos deixam.
Ah já vos desempara esta mãe vossa.
Que achará vosso pai, quando vier?
Achar-vos-á tão sós, sem vossa mãe:
Não verá quem buscava: verá cheias
10 As casas, e paredes de meu sangue.
Ah vejo-te morrer, senhor, por mim,
Meu senhor, já que eu mouro, vive tu.
Isto te peço, e rogo: vive, vive,
Empara estes teus filhos, que tant'amas.
15 E pague minha morte seus desastres,
Se alguns os esperavam. Rei senhor,
Pois podes socorrer a tantos males,
Socorre-me, perdoa-me. Não posso
Falar mais. Não me mates, não me mates.
20 Senhor, não te mereço.

REI

Ó mulher forte!
Venceste-me, abrandaste-me. Eu te deixo.
Vive, em quanto Deus quer.

CORO

Rei piedoso,
Vive tu, pois perdoas: moura aquele,
Que sua dura tenção leva adiante.

11 — *senhor:* Infante. 21-22 — D. Afonso IV perdoa (v. *Os Lusíadas*, III,
130). 23-24 — O coro louva o rei pelo perdão concedido.

PACHECO

Oh Senhor, que nos matas! que fraqueza
Essa é indigna de ti? de um real peito?
Vence-te uma mulher, e estranhas tanto
Vencer assi teu filho? que já agora
5 Terá desculpa honesta; não te esqueças
Da tenção tão fundada, que te trouxe.

REI

Não pôde o meu esprito consentir
Em crueza tamanha.

PACHECO

Mor crueza.
Fazes agora ao Reino: agora fazes
10 O que faz a pouca água em grande fogo.
Agora mais s'acende, arderá mais
O fogo de teu filho. A que vieste?
A pôr em mor perigo teu estado?

REI

Vejo aquela inocente, chora-m'alma.

COELHO

15 O ânimo Real tão firme, e forte
Há-de ser no que faz, que nunca possa

---

4 — Que ela vença teu filho? 6 — *tenção*: propósito. 10 — Exemplo concretizante. 12 — *fogo*: paixão.

Debaixo do Céu nada pervertê-lo.
A justiça, Senhor, pinta-se armada
D'espada aguda, contra cujos fios
Não possa haver brandura, nem dureza.
5 Cada um destes estremos é grã vício
Em quem é pai comum de todo um Reino.
Depois da conta feita, e razões claras,
Depois de tais conselhos em que viste
Quão necessária era esta tua vinda,
10 Quão necessário o efeito, a que vieste,
Se muda assi, senhor, tão levemente
Por lágrimas teu ânimo constante?
Antes não cometeras, nem cuidaras
Cometer isto, porque não vieras
15 Acrecentar o mal, que agora vejo
Que fica já de todo sem remédio.

REI

Não vejo culpa, que mereça pena.

PACHECO

Inda hoje a viste, quem ta esconde agora?

REI

Mais quero perdoar, que ser injusto.

COELHO

20 Injusto é quem perdoa a pena justa.

17 — *pena*: castigo.

Rei

Peque antes ness'estremo, que em crueza.

Coelho

Não se consente o Rei pecar em nada.

Rei

Sou homem.

Coelho

Porém Rei.

Rei

O Rei perdoa.

Pacheco

Nem sempre perdoar é piedade.

Rei

5   Eu vejo ũa inocente, mãe de uns filhos
De meu filho, que mato juntamente.

Coelho

Mas dás vida a teu filho, salvas-lh'alma,
Pacificas teu Reino: a ti seguras.

3 — Homem-rei: dicotomia difícil de conciliar para o rei.

Restituis-nos honra, paz, descanso.
Destróis a traidores; cortas quanto
Sobre ti, e teu neto se tecia.
Ofensas, senhor, públicas não querem
5 Perdão, mas rigor grande. Daqui pende
Ou remédio d'um Reino, ou queda certa.
Abre os olhos às causas necessárias,
Que te mostramos sempre, e que tu vias.
Cuida no que emprendeste, e no que deixas.
10 O ódio de teu filho contra ti,
Contra nós tal será, como qual fora,
Fazendo-se o que deixas por fazer.
A ti ficam seus filhos, ama-os, honra-os.
Assi lh'amansarás grã parte da ira.
15 Senhor, por teu estado te pedimos:
Pelo amor do teu povo, com que t'ama,
Pelo com que sabemos que nos amas:
Por mais vida, e mais honra de teu filho,
Príncipe nosso: e por aquele seu
20 Fernando único herdeiro, cuja vida
Te está pedindo justamente a morte
Desta mulher: em fim por honra tua,
Pela constância firme, com que sempre
Acudiste ós remédios, e à justiça,
25 Que a não deixes agora: que te movam
Mais estas razões fortes, que essa mágoa
Injusta, que depois chorarás mais,
Perdendo esta ocasião, que Deus te mostra.

estado ✓
filho —
escolha
difícil.

REI

Eu não mando, nem vedo. Deus o julgue.
30 Vós outros o fazei, se vos parece

---

3 — *teu neto:* D. Fernando, filho de D. Pedro e D. Constança, herdeiro que poderia ser substituído por um filho de Inês. 26 — *razões fortes:* conteúdo da fala de Coelho. 29 — Eu não ordeno nem proíbo.

Justiça, assi matar quem não tem culpa.

COELHO

— propósito

Essa licença basta: a tenção nossa
Nos salvará cos homens, e com Deus.

CORO

Em fim venceu a ira, cruel imiga
5 De todo bom conselho. Ah quanto podem
Palavras, e razões em peito brando!
Eu vejo teu esprito combatido
De mil ondas, ó Rei. Bom é teu zelo:
O conselho leal: cruel a obra.

REI

10 Por crueza julgais o que é justiça?

CORO

Crueza a chamará tod'outra idade. *— no futuro*

REI

Minh'alma inocente é, conselho sigo.

CORO

Deus te julgue. Eu não ouso. Porém temo.

REI

Que temes?

4-5 — O coro critica a decisão. 7-8 — O coro compreende a dificuldade
da decisão. 11 — No futuro se chamará crueldade. 12 — Inocência pro-
clamada sinceramente pelo rei.

CORO

Este sangue, que aos Céus brada.
Não culpamos a ti: nem desculpamos
As descorteses mãos de teus Ministros
Constantes no conselho, crus na obra.
5 Ai vês que crueldade? ó nunca visto
Mais inocente sangue! e como sofres,
Ó Rei, tal injustiça? ouves os brados
Da inocente moça? ouves os choros
Dos inocentes filhos? triste Infante!
Ali passam tu'alma teus vassalos,
10 De teu sangue os cruéis tingem seus ferros.

REI

Afronta-se minha alma. Ó quem pudera
Desfazer o que é feito!

CORO

Já morreu Dona Inês, matou-a Amor;
Amor cruel! se tu tiveras olhos,
15 Também morreras logo. Ó dura morte,
Como ousaste matar aquela vida?
Mas não mataste: melhor vida, e nome
Lhe deste do que cá tinha na terra.
Este seu corpo só gastará a terra,
20 Por quem estará chorando sempre o Amor,
Honrando-se somente do seu nome.
Mas quem a quiser ver com outros olhos,
Outro nome, outra glória, outra honra, e vida

1-2 — O coro não culpabiliza o rei, nem desculpa os conselheiros. 4-10 —
A execução não se passa em cena. 11-12 — O rei na sua luta interior
quereria poder voltar atrás. *Coro:* Chora a morte de Inês; repare-se na
sequência de personificações e invocações. 13-15 — V. *Os Lusíadas,* 119.
23 — Imortalidade.

Lhe achará, contra a qual não pode a morte.
Aqueles matas tu somente, ó morte,
Cujo nome s'esquece, e a quem na terra
Fica de todo sepultada a vida.
5 Mas esta viverá, em quanto o Amor
Entr'os homens reinar, e sempre os olhos
De todos a verão com melhor nome.
Real amor lhe dará Real nome.
Ó que coroa lhe aparelha a morte!
10 Depois que lhe cerrou os claros olhos
Indinos d'ante tempo irem à terra,
Sem quem só fica, e desarmado Amor;
Sem quem quão triste, Infante, a tua vida!
Tu és o que morreste, aquela vida
15 Era tua; já agora aquele nome
Que tão doce te fez sempre o Amor,
Triste to tem tornado a cruel morte.
Chorando a andarão sempre na terra
Té que nos Céus a vejam esses teus olhos.
20 Nem haverá já nunca no Mundo olhos,
Que não chorem de mágoa de ũa vida
Assi cortada em flor. E quem a terra
For ver, em que estiver escrito o nome
Dela, dirá: Aqui está chorando a morte
25 De mágoa do que fez, aqui o Amor.
Amor, quanto perdeste nuns sós olhos,
Que debaixo da terra pôs a morte,
Tanto eles mais terão de vida, e nome.

SÁFICOS

Choremos todos a Tragédia triste,

---

5 — Esta ficará imortal. 11 — *d'ante tempo*: prematuramente. 24-25 — O
Amor está chorando a morte com piedade e arrependimento do que cau-
sou. 29 — O coro entoa versos sáficos, com acentos predominantes na
4.ª, 8.ª e 10.ª sílabas. Sobre a lamentação, v. *Os Lusíadas* (III, 118-135).

Que esta crua morte deixará no Mundo.
Já aquele esprito, que também vivia
Em ti, ó Castro, vai aos Céus voando.
Já aquele sangue purpúreo, inocente,
5 Forçadamente desempara os membros,
A que ele dava aquela cor, e graça,
Que a natureza mais perfeitamente
Formar pudera nesta, ou outra idade.
Assi a região, que vê nascer o Sol,
10 Como a região onde o Sol se esconde,
Assi aquela, que ao fervente Cancro,
Como aquel'outra, que à fria mor Ursa
Estão sujeitas, esta mágoa chorem.
Jaz a coitada no seu sangue envolta
15 Aos pés dos filhos, para quem fugia;
Não lhe valeram, que não tinham forças
Para tomarem os agudos ferros,
Com que seus peitos tão irosamente
Trespassar viam aqueles cruéis.
20 Ó mãos tão duras, ó corações duros,
Como pudestes fazer tal crueza?
Outras mãos venham, que vo-las arranquem
Com mor crueza.
Que duros Getas, mas que Leões, que Ussos
25 Não amansara tão fermoso rosto?
Que ira tão brava não tornara branda
Ũa só mágoa de tão doce boca?
Que mãos tão cruas não ataram logo
Aqueles crespos seus ricos cabelos?
30 Aqueles olhos em que pedras duras
Não imprimiram brandura? ó que mágoa!
Ó que crueza tão fera, e tão bruta!

9-13 — Perífrase: toda a terra. Indicam-se os quatro pontos cardeais.
11 — *Cancro:* trópico de Câncer. 24 — *Getas:* habitantes quase selvagens
da antiga Europa oriental.

Moça inocente por amor só morta:
Com gente armada, como forte imigo.
Tu, Deus, que o viste, ouve o clamor justo
D'aquele sangue, que t'está pedindo
5 Crua vingança.

ACTO V

INFANTE   MENSAGEIRO

INFANTE

Outro Céu, outro Sol me parece este
Diferente daquele, que lá deixo
Donde parti, mais claro, e mais fermoso.
Onde não resplandecem os dois claros
10 Olhos da minha luz, tudo é escuro.
Aquele é só meu Sol, a minha estrela,
Mais clara, mais fermosa, mais luzente
Que Vénus, quando mais clara se mostra.
Daqueles olhos s'alumia a terra,
15 Em que sombra não há, nem nuvem escura.
Tudo ali é tão claro, que té a noite
Me parece mais dia, que este dia.
A terra ali s'alegra, e reverdece
D'outras flores mais frescas, e melhores.
20 O Céu se ri, e se doura diferente
Do que neste Horizonte se me mostra.
O soberbo Mondego com tal vista
Parece que ao grã mar vai fazer guerra.
D'outros ares respira ali a gente,

Inês

_natureza-
estado de
espírito
metaphore-_

3-5 — O coro pede vingança a Deus. 7 — *lá:* onde julgava estar Inês. 11
— Sol: referido a Inês. Também Petrarca chamou «sol» a Laura. 13 —
Vénus: planeta Vénus. 16-24 — Natureza-estado de espírito.

Seneca.

228

_Petrarch. leading
greek dramatist. Influenced Shakes_

Que fazem imortais os que lá vivem.
Ó Castro, Castro, meu amor constante!
Quem me de ti tirar, tire-me a vida.
Minh'alma lá ma tens, tenho cá a tua,
5 Morrendo ũa destas vidas, ambas morrem.
E havemos de morrer? pode vir tempo
Que ambos nos não vejamos? nem eu possa,
Indo buscar-te, ó Castro, achar-te lá?
Nem achar os teus olhos tão fermosos,
10 De que os meus tomam luz, e tomam vida?
Não posso cuidar nisto, sem os olhos
Mostrarem a saudade, que me fazem
Tão tristes pensamentos. Viveremos
Muitos anos, e muitos: viveremos
15 Sempre ambos nest'amor tão doce, e puro.
Rainha te verei, deste meu Reino,
D'outra nova coroa coroada
Diferente de quantas coroaram
Ou de homens, ou mulheres as cabeças.
20 Então serão meus olhos satisfeitos:
Então se fartará da glória sua
Est'alma, que anda morta de desejos.

Mensageiro

Ó triste nova, triste mensageiro
Tens ante ti, senhor.

Infante

Que novas trazes?

21 — *glória:* felicidade.

Novas cruéis; cruel sou contra ti,
Pois m'atrevi trazê-las. Mas primeiro
Sossega teu esprito: e nele finge
A mor desaventura, que te agora
5 Podia acontecer: que grã remédio
É ter o esprito armado à má fortuna.

INFANTE

Tens-me suspenso. Conta: que acrescentas
O mal com a tardança.

MENSAGEIRO

É morta Dona Inês, que tanto amavas.

INFANTE

10 Ó Deus: ó Céus! que contas? que me dizes?

MENSAGEIRO

De morte tão cruel, que é nova mágoa
Contar-ta: não me atrevo.

INFANTE

É morta?

MENSAGEIRO

Si.

3-6 — Preparação para a notícia. 3 — *finge:* imagina. 8 — *tardança:* de-
mora.

Quem ma matou?

MENSAGEIRO

          Teu pai, com gente armada
Foi hoje salteá-la. A inocente,
Que tão segura estava, não fugiu.
Não lhe valeu o amor com que te amava.
5 Não teus filhos, com quem se defendia.
Não aquela inocência, e piedade,
Com que pediu perdão aos pés lançada
D'el-Rei teu pai, que teve tanta força
Que lho deu já chorando. Mas aqueles
10 Cruéis Ministros seus, e Conselheiros
Contr'aquele perdão tão merecido
Arrancando as espadas se vão a ela
Traspassando-lh'os peitos cruelmente;
Abraçada com os filhos a mataram.
15 Que inda ficaram tintos do seu sangue.

INFANTE

Que direi? que farei? que clamarei?
Ó fortuna! ó crueza! ó mal tamanho!
Ó minha Dona Inês, ó alma minha,
Morta m'és tu? morte houve tão ousada
20 Que contra ti pudesse? ouço-o, e vivo?
Eu vivo, e tu és morta? é morte crua!
Morte cega, mataste minha vida,
E não me vejo morto? Abra-se a terra.

---

5 — Não lhe valeram teus filhos. 9 — *lho:* o perdão. 16 e segs. — Reparar
nas invocações, personificações e na pontuação.

Sorva-me num momento: rompa-s'alma,
Aparte-se de um corpo tão pesado,
Que ma detém por força.
Ah minha Dona Inês, ah, ah minh'alma!
5 Amor meu, meu desejo, meu cuidado,
Minh'esperança só, minh'alegria,
Mataram-te? mataram-te? tua alma
Inocente, fermosa, humilde, e santa
Deixou já seu lugar? ah de teu sangue
10 S'encheram as espadas? de teu sangue?
Que espadas tão cruéis, que cruéis mãos?
Ah como se moveram contra ti?
Como tiveram forças, como fios
Aqueles duros ferros contra ti?
15 Como tal consentiste, Rei cruel?
Imigo meu, não pai, imigo meu!
Porque assi me mataste? ó Leões bravos!
Ó Tigres! ó serpentes! que tal sede
Tínheis deste meu sangue! por que causa
20 Vos não vínheis em mim fartar vossa ira?
Matáreis-me, e vivera. Homens cruéis,
Porque não me matastes? meus imigos,
Se mal vos merecia, em mim vingáreis
Esse mal todo. Aquela ovelha mansa
25 Inocente, fermosa, simples, casta,
Que mal vos merecia? mas quisestes
Como imigos cruéis buscar-me a morte
Não da vida, mas d'alma. Ó Céus, que vistes
Tamanha crueldade, como logo
30 Não caístes? Ó montes de Coimbra,
Como não sovertestes tais Ministros?
Como não treme a terra, e s'abre toda?
Como sustenta em si tão grã crueza?

1 — *rompa-s'alma:* morra. 23 — *vingáreis:* deveríeis vingar.

Senhor, para chorar fica assaz tempo:
Mas lágrimas que fazem contr'a morte?
Vai ver aquele corpo, vai fazer-lhe
As honras, que lhe deves.

INFANTE

Tristes honras!
5 Outras honras, senhora, te guardava:
Outras se te deviam. Ó triste, triste!
Enganado, nascido em cruel signo.
Quem m'enganou? ah cego que não cria
Aquelas ameaças! mas quem crera
10 Que tal podia ser?
Como poderei ver aqueles olhos
Cerrados para sempre? como aqueles
Cabelos já não de ouro, mas de sangue?
Aquelas mãos tão frias, e tão negras,
15 Que antes via tão alvas, e fermosas?
Aqueles brancos peitos trespassados
De golpes tão cruéis? Aquele corpo,
Que tantas vezes tive nos meus braços
Vivo, e fermoso, como morto agora,
20 E frio o posso ver? ai como aqueles
Penhores seus tão sós? ó pai cruel!
Tu não me vias neles? meu amor,
Já me não ouves? já não te hei-de ver?
Já te não posso achar em toda a terra?
25 Chorem meu mal comigo quantos m'ouvem.
Chorem as pedras duras, pois nos homens

9 — *crera:* poderia acreditar. 26 a 5 da pág. seg. — Personificações e imprecações.

S'achou tanta crueza. E tu, Coimbra,
Cobre-te de tristeza para sempre.
Não se ria em ti nunca, nem s'ouça
Senão prantos, e lágrimas: em sangue
5 Se converta aquela água do Mondego.
As árvores se sequem, e as flores.
Ajudem-me pedir aos Céus justiça
Deste meu mal tamanho.
Eu te matei, senhora, eu te matei.
10 Com morte te paguei o teu amor.
Mas eu me matarei mais cruelmente
Do que te a ti mataram, se não vingo
Com novas crueldades tua morte.
Par'isto me dá, Deus, somente vida.
15 Abra eu com minhas mãos aqueles peitos,
Arranque deles uns corações feros,
Que tal crueza ousaram: então acabe.
Eu te perseguirei, Rei meu imigo.
Lavrará muito cedo bravo fogo
20 Nos teus, na tua terra, destruídos
Verão os teus amigos, outros mortos,
De cujo sangue s'encherão os campos,
De cujo sangue correrão os rios,
Em vingança daquele: ou tu me mata,
25 Ou fuge da minh'ira, que já agora
Te não conhecerá por pai. Imigo
Me chamo teu, imigo teu me chama.
Não m'és pai, não sou filho, imigo sou.
Tu, senhora, estás lá nos Céus, eu fico
30 Em quanto te vingar: logo lá voo.
Tu serás cá Rainha, como foras.
Teus filhos, só por teus serão Infantes.
Teu inocente corpo será posto
Em estado Real: o teu amor
35 M'acompanhará sempre, té que deixe
O meu corpo co teu; e lá vá est'alma
Descansar com a tua para sempre.

11-13 — Promessas de vingança. 18-28 — Jura vingar-se do rei, seu pai.
31 — Tu serás cá rainha como serias. 32 — Consagração dos filhos como
infantes; *só por teus:* só por serem teus. 36-37 — Núpcias celestiais.

ÍNDICE

POEMAS LUSITANOS

SONETOS

EPIGRAMAS

ODES